Página titular

I0155561

© 2013 Logoi, Inc.
Derechos electrónicos
www.logoi.org

eISBN 978-1-938420-04-7

ISBN 978-1-938420-19-1

© 2001 Logoi, Inc.
14540 S.W. 136th St, Suite 200
Miami, Florida 33186

Autor: Aldo Broda
Diseño textual: Logoi, Inc.
Portada: Meredith Bozek

Categoría: Administración/Iglesia

Prólogo del autor

La administración de los inmensos recursos de que dispone la obra del Señor en las congregaciones ha sido una permanente preocupación en mi vida. Como administrador de casas publicadoras y promotor de mayordomía cristiana he tenido la oportunidad de visitar muchos países hispanos y en la mayoría de las iglesias observo una falta de atención a la correcta administración de esos recursos.

Desde muy joven me cautivaron la administración y la mayordomía. He dedicado muchas horas al estudio y a la enseñanza de estas materias tan fundamentales para la vida del creyente y de la iglesia. Pienso que hay una cantidad de dones y talentos que están dormitando en las congregaciones y que Dios los necesita para que la iglesia pueda cumplir su cometido.

En todo este tiempo —más de cincuenta años— he visto que los serios problemas que existen en la administración de los recursos de las congregaciones, son algunas veces consecuencia de negligencia y otras por el conocimiento inadecuado de la administración. Deseo destacar algunos de los detalles observados:

- Algunas congregaciones se despreocupan del manejo administrativo, pensando que no es un tema espiritual, sino más bien cuestión de «negocios».

- Muchos miembros no tienen mayor preocupación por las finanzas. No han sido enseñados sobre el importante tema de la mayordomía.

- Ciertos líderes tienen poco interés en lograr una correcta administración, piensan que los miembros no deben tener una participación muy activa en el control de la iglesia.

- Hay pastores y líderes que ignoran la importancia de la correcta administración y la fidelidad en la mayordomía. Son reacios a descubrir el nivel espiritual de sus miembros expresado a través del cumplimiento de su administración económica. Ignoran que la ofrenda es el «termómetro» de la vida espiritual del creyente.

- Otros pastores en cambio, y muy especialmente en los últimos tiempos, exageran demasiado su énfasis en el dinero y no siempre saben administrarlo con la prudencia que corresponde, trayendo problemas a la vida de las demás iglesias por su inadecuado testimonio.

- Las personas responsables de la administración no siempre son las más capacitadas para la tarea. Tampoco hay preocupación por parte de los líderes de las congregaciones para prepararlos adecuadamente.

- Muchas veces la transparencia en el manejo de la economía deja mucho que desear y los miembros pierden el interés en cooperar.

- En muy pocos casos lo económico y su administración es percibido por los creyentes como parte espiritual importante. La mayoría lo ve como una cuestión de cubrir gastos solamente.

- En otros casos las iglesias han progresado y se han organizado correctamente en la faz administrativa y merecen nuestra felicitación. Otras, en cambio, requieren soluciones prácticas e inmediatas.

Nos preguntamos: ¿Cuál es la verdad bíblica acerca de la administración? y ¿Cuál la solución al tema que comentamos? Trataremos de dar respuesta a estos interrogantes en el desarrollo del libro. Invitamos al lector a acompañarnos en los análisis que presentamos.

Capítulo 1: Conceptos generales sobre administración

«...Para que seáis irreprensibles y sencillos, hijos de Dios sin mancha en medio de una generación maligna y perversa, en medio de la cual resplandecéis como luminares en el mundo...»
(Filipenses 2.15)

«...Acordándonos sin cesar delante del Dios y Padre nuestro de la obra de vuestra fe, del trabajo de vuestro amor y vuestra constancia en la esperanza en nuestro Señor Jesucristo...»
(1 Tesalonicenses 1.3)

En este capítulo analizaremos el verdadero significado de la «administración» y veremos algunos conceptos generales. Consideraremos dos aspectos importantes:

1. Principios de administración.

2. Principios cristianos de administración.

Antes, sin embargo, permítanme que les relate por qué me convertí en administrador de empresas cristianas. En mi adolescencia viví una experiencia que marcó para siempre mi trayectoria como hijo de Dios. Mi padre era pastor en una iglesia del interior de Argentina, de manera que mis hermanos y yo recibíamos en el hogar los reflejos de lo que ocurría en la congregación.

Eran los años del comienzo de la obra evangélica en el país y la situación económica de la población no era muy floreciente. La iglesia estaba formada por miembros de clase media hacia abajo, sin mayores posibilidades de mejorar mucho su situación. Las ofrendas, como consecuencia, eran fiel reflejo de esa condición.

Comencé en esa época a sentir una preocupación que se fue acrecentando con el transcurrir del tiempo: ¿Cómo lograríamos hacer un impacto con el evangelio en nuestro país con tan escasos recursos? ¿Deberíamos depender siempre de las ofrendas provenientes de países donde la obra estuviera más desarrollada? ¿Cómo lograron ellos desarrollarse y llegar a tener congregaciones grandes y fuertes económicamente? ¿Estarían las bendiciones del Señor supeditadas a algunos países solamente? Las preguntas se iban deshilvanando unas tras otras en mi mente, sin encontrar respuesta adecuada.

«¡Dios debe tener una respuesta!», me cuestionaba, y en ese interés por hallar solución a mis inquietudes busqué en la Biblia contestación a mis interrogantes. ¡Qué sorpresa me llevé! Dios hablaba en su Palabra de un pueblo ¡grande! ¡fuerte! ¡victorioso! ¡avasallador! ¡rico! Todo eso contrastaba con la realidad que yo vivía. ¡Éramos triunfantes por la fe en Jesucristo! Pero nos considerábamos un pueblo pequeño y pobre, sin fuerzas económicas para luchar.

Encontré en su Palabra que las bendiciones de Dios no estaban limitadas a cierto pueblo, sino a todo aquel que hace la voluntad del Padre. «*Y poderoso es Dios para hacer que abunde en vosotros toda gracia, a fin de que, teniendo siempre en todas las cosas todo lo suficiente, abundéis para toda buena obra...*» *(2 Co 9:8)*. Y que todo aquel que confía en Él y obra como Dios ordena en su Palabra recibe bendición y prosperidad. «*El que no escatimó ni a su propio Hijo, sino que lo entregó para todos nosotros, ¿cómo no nos dará también con él todas las cosas?*» *(Ro 8:32)*.

¡Era cuestión de decidirse! Dios pedía que lo probáramos. No era asunto de esperar a llegar a ser ricos para ofrendar, sino de saber confiar en Él para que nos proveyera. No era cuestión de cantidad sino de calidad y debíamos comenzar con lo que teníamos en la mano: «*Traed todos los diezmos al alfolí y haya alimento en mi casa; y probadme ahora en esto, dice Jehová de los ejércitos, si no os abriré las ventanas de los cielos y derramaré sobre vosotros bendición hasta que sobreabunde*» *(Mal 3:10)*.

¡Dios es enorme! y quería que nos ¡contagiáramos con esas grandes cosas! Que tomáramos la iniciativa por fe, como «*Aquel que es poderoso para hacer todas las cosas mucho más abundantemente de lo que pedimos o entendemos, según el poder que actúa en nosotros, a él sea gloria en la iglesia en Cristo Jesús por todas las edades, por los siglos de los siglos. Amén*» *(Ef 3:20)*.

Con esta nueva visión de la vida cristiana comencé a dialogar con Dios de una manera positiva, sintiéndome siempre «ganador», no por mis capacidades, sino por su presencia en mi vida. ¡Pensando siempre en cosas grandes para su obra! ¡Así como Él es!

Comprendí entonces algunas razones fundamentales que se convirtieron en pilares de mi vida:

1. Dios es dueño de mí, no me pertenezco, y por lo tanto mi vida debe estar estructurada de acuerdo a su voluntad y no a la mía. *«¿O ignoráis ... que no sois vuestros? Porque habéis sido comprados por precio; glorificad, pues, a Dios en vuestro cuerpo y en vuestro espíritu, los cuales son de Dios»* (1 Corintios 6.19c, 20)

2. Comprendí que esa pertenencia es total, por lo tanto Dios es también dueño de mis bienes. Le pertenecen a Él, lo que soy, lo que sé y lo que tengo. Y eso debo disponerlo para su obra a fin de que la iglesia pueda cumplir con la Gran Comisión. Yo no daba nada de lo mío, pues todo viene de Él, como dice el cronista: *«Todo es tuyo, y de lo recibido de tu mano te damos»* (1 Cr 29:14).

3. Si anhelaba bendiciones, en cualquier aspecto, debía estar a cuentas con Dios. No podía pedirlas si antes no le demostraba que confiaba en Él. *«Venid luego, dice Jehová y estemos a cuenta... si quisiereis y oyereis, comeréis el bien de la tierra»* (Is 1:18a, 19).

4. Debía ser un fiel mayordomo de lo que era, sabía y tenía, por lo que tendría que demostrarle que era capaz de administrar eso de acuerdo a sus mandamientos y ordenanzas. *«Y dijo el Señor: ¿Quién es el mayordomo fiel y prudente al cual su señor pondrá sobre su casa, para que a tiempo le dé su ración? Bienaventurado aquel siervo al cual, cuando su señor venga, le halle haciendo así. En verdad os digo que le pondrá sobre todos sus bienes»* (Lc 12:42-44). Como enseñó el apóstol Pablo:*«...téngannos los hombres por servidores de Cristo... Ahora bien, se requiere de los administradores, que cada uno sea hallado fiel»* (1 Co 4:1a, 2)

5. Dios estaba dispuesto a aumentar mis capacidades, mis conocimientos y mis bienes, en proporción directa a como yo dispusiese de ellos para su obra. *«Porque al que tiene, le será dado, y tendrá más...»* (Mt 25:29a).

6. Había seguridad y protección para todo el que cumpliera los mandamientos y ordenanzas de Dios, por lo cual no debía tener temor de asumir la responsabilidad que se me confiaba. *«Honra a Jehová con tus bienes, y con las primicias de todos tus frutos; y serán llenos tus graneros con abundancia, y tus lagares rebosarán de mosto»* (Prov 3:9-10).'

7. Comprendí que para conocer la voluntad de Dios para con mi vida, Él debía tener la seguridad de que yo la cumpliría. *«Y el Dios de paz que resucitó de los muertos a nuestro Señor Jesucristo, el*

gran pastor de las ovejas, por la sangre del pacto eterno, os haga aptos en toda buena obra para que hagáis su voluntad, haciendo él en vosotros lo que es agradable delante de él por Jesucristo; al cual sea la gloria por los siglos de los siglos. Amén» (He 13:20-21).

Comencé entonces con mucho temor y temblor, demandando sabiduría de lo alto para todo lo que deseaba hacer para el Señor. Al principio fueron sueños —para algunos sueños de loco—, pero el Señor fue fiel y prosperó mi vida de una manera notable en todos sus órdenes. Vi multiplicados mis conocimientos, capacidades, dones y bienes.

Han pasado ya casi 50 años desde aquel comienzo. Dios me usó para muchas cosas, pero en lo que me sentí más cómodo y bendecido por Él, fue en el campo de la mayordomía y en la administración de las empresas del Señor, considerándome siempre un mayordomo de Dios.

Enseñando en las iglesias y compartiendo cursos con líderes y pastores, pude comprobar que tanto la enseñanza para una adecuada administración de la vida, como la capacitación para la correcta gestión de nuestras congregaciones, son dos materias pendientes aún. Se ha avanzado bastante, pero falta mucho todavía. En base a la experiencia adquirida en todo este tiempo, deseo a través de esta obra ayudar a los cristianos a comprender la necesidad de que debemos administrar con toda sabiduría y eficiencia,*«procurando hacer las cosas honradamente, no solo delante del Señor sino también delante de los hombres...»* (2 Co 8:21).

Todo aspecto de la vida requiere administración. Con cada actividad que el ser humano realiza pone en juego su capacidad para administrar. Aun el que no hace nada es administrador. En este caso, administra mal su vida y su tiempo. Pero todos administramos y por lo tanto tenemos que aprender a ser buenos administradores, a fin de que nuestra tarea sea exitosa.

Principios de administración

«Administración es la necesaria actividad de los ejecutivos en una organización, cumpliendo órdenes, desarrollando y posibilitando la realización de esfuerzos de un grupo de personas, por medio de quienes se realiza cierto propósito definido».[1]

«La administración permite exhibir un fragmento de la creatividad humana... la administración es un arte...»[2]

Ordway Teed afirma que la «administración es un arte» y eso es cierto. Así como los pintores usan sus pinceles y sus pinturas para crear un cuadro, los administradores, como si fueran artistas, convierten sus números y cuentas en figuras con las que logran a través de sus cálculos y resultados la expresión de su capacidad administrativa. Sus informes, sus planeamientos, sus programas de trabajo y desarrollo, todo lo pasa por sus manos es manejado con capacidad artística para crear y desarrollar el propósito de la empresa. La administración se afianza a través de la naturaleza humana del administrador en acción.

Una empresa u organización es la combinación de personas, equipo, comodidades, materiales y herramientas ensambladas en una sistemática y efectiva coordinación, con el propósito de lograr ciertos y definidos objetivos.

Tenemos, por lo tanto: empresa y objetivos, como parte específica de la organización. Cuando esos objetivos son realizados con sabiduría y eficiencia a través de un orden administrativo correcto, la empresa se convierte en un colaborador importante para la sociedad en la cual vivimos. Pero, si la administración es desordenada, arbitraria y corrupta, sus frutos pueden ser muy perjudiciales para esa misma sociedad. De allí la necesidad de realizar la administración en perfecto orden y corrección. Tenemos entonces la empresa, sus objetivos y la administración.

Surge luego el administrador, la persona encargada de llevar adelante los objetivos que la empresa se traza. A través de los años aprendemos que muchas veces el éxito de la empresa se logra gracias al buen administrador que la dirige. Hombres y mujeres que han sabido interpretar correctamente el rol que la sociedad les demanda y actúan en forma eficiente y responsable, logrando el cumplimiento de los objetivos que la empresa desea alcanzar.

Cuando el administrador se identifica plenamente con la empresa se erige en educador, orientando y capacitando a su personal y aprovechando a cada empleado según su capacidad para lograr que brinde cada día más y mejor servicio a la empresa que le tiene contratado. Humaniza a la empresa y la saca del ámbito del materialismo para hacerla cumplir una función social. Es entonces cuando contamos con la empresa, sus objetivos, la administración y el administrador.

El administrador orientado por los objetivos de la empresa, desarrolla metas y planes de acción para su cumplimiento. Entonces tenemos a la empresa, los objetivos, la administración, el administrador y las metas y planes de acción.

Por último interviene lo que le da valor a la empresa y que en los últimos tiempos, salvo raras excepciones se ha desvirtuado: la gente. Un buen administrador debe conocer el «derecho del personal»:

1. A ser tratado como un individuo y respetado como persona.

2. A tener voz en sus propios asuntos, incluyendo su derecho a contribuir con lo mejor de sus conocimientos para la solución de los problemas que son comunes.

3. A gozar de un reconocimiento por su contribución a la causa común de la empresa.

4. A desarrollar y hacer uso de sus mejores capacidades para beneficio de la organización.

5. A gozar como todo ser humano de equidad y justicia en sus relaciones con sus superiores.

Cuando el administrador logra esta identificación plena entre empresa, objetivos y personal alcanzará los mejores éxitos pues se verá apoyado por aquellos con quienes comparte la tarea todos los días, los que a la vez le ayudarán a lograr los objetivos que la empresa se ha trazado, a través de un apoyo efectivo y práctico.

Tenemos entonces:

- La empresa.

- Los objetivos.

- La administración.

- El administrador.

- Las metas.

- Los planes de acción.

- La gente, el capital humano.

- Unidos para lograr el éxito de la organización.

Recién entonces estaremos en condiciones de pensar en el capital económico para que la empresa funcione, pues habremos superado su función social; por lo que ahora nos dedicaremos a realizar las operaciones que nos permitan obtener las utilidades (sin usura) que la empresa se ha fijado.

Muchos dirán no, al revés, primero es el capital económico, luego todo lo demás. ¿La gente? La gente no nos interesa, la conseguimos fácilmente, con la escasez de trabajo actual no habrá problemas. Cuanto más baja sea nuestra remuneración al capital humano estaremos en mejores condiciones de competir y de reconocer intereses más elevados a los préstamos del capital económico. Este es el pensar de las personas con deseos de usura que menosprecian la necesidad y el bienestar de su capital humano.

La administración es un arte... pero también es una ciencia. Se requiere que los administradores no solo sean hábiles en el manejo de los asuntos contable-administrativos, sino que también humanicen su forma de trabajo para que la empresa pueda cumplir su función social en el mundo en el que nos movemos. Que deje de ser solo un ente mercantil para convertirse en un ámbito de trabajo y progreso para los seres humanos que la integran.

«Es lamentable que muchos administradores sólo consideren a las personas de la organización como objetos que se deben emplear para terminar el trabajo que se está haciendo. No se dan cuenta de que las personas constituyen el recurso más valioso de la organización. Eso es debido, en parte, a que muchos administradores se consideran a sí mismos como única fuente de ideas, y es fácil que algunos de ellos pongan más atención a los edificios, los presupuestos y los materiales, que a las personas, a pesar de que las ideas para lograr todo eso proviene de las personas».[3]

«La organización que se preocupa en utilizar el poder creador de sus empleados encontrará soluciones factibles a sus problemas. Hallará nuevas y mejores maneras de realizar sus tareas. La productividad de la organización se verá aumentada como resultado de ella. Las personas necesitan que se les dé una oportunidad para utilizar su impulso creador y si se les brinda la ocasión para ser innovadores pondrán sus habilidades y destrezas al servicio de la empresa. Es lamentable que las tradiciones de una organización se opongan al uso efectivo del poder creador. El administrador debe tener presente el hecho de que ese poder creativo, a diferencia de otros recursos de la organización, si no se utiliza se pierde. Los administradores que no emplean el poder creador de sus empleados acaban por perder a esas personas».[4]

Principios cristianos de administración

Cada iglesia y/u organismo del cuerpo de Cristo es una empresa y cuando la administramos como obra del Señor, los principios que deben regir nuestra gestión difieren de los que corresponden a una empresa secular.

No estamos diciendo que renunciamos a los principios básicos de la administración empresarial, al contrario, ellos deben ser respetados si queremos tener éxito en nuestros negocios. Tampoco creemos que por ser una empresa con carácter misionero, debemos confiar solamente en que el «Señor nos ayudará».

Lo que queremos señalar es que para cumplir con el ministerio que nos proponemos, debemos administrar nuestra empresa como un negocio. En esto no podemos improvisar. Hay leyes, matemáticas y económicas, que no debemos ignorar. Al contrario, sostenemos que toda empresa evangélica, grande o pequeña, debe movilizarse dentro del marco de las leyes que rigen un país. ¿Se imaginan una empresa evangélica violando las leyes?

Lo que sí queremos destacar es que, como creyentes, debemos convencernos de que para tener éxito en nuestras empresas, aparte de los principios administrativos de orden general, contamos con una ayuda adicional muy valiosa: la presencia de Dios. Para que ello sea realidad debemos estar seguros de que estamos en su voluntad y de que nuestra empresa ayudará a que la obra de Dios crezca.

Durante todo mi tiempo administrando empresas cristianas, he podido experimentar la importancia de esta presencia y la necesidad de tener en cuenta esa condición extra de la que gozamos los creyentes. Cuando no tomaba eso en cuenta, lo veía en la marcha de nuestros negocios.

En este sentido es bueno señalar lo que Myron Rush indica cuando habla de la filosofía bíblica de la administración. Destaca la importancia que el enfoque bíblico tiene y, además, que a los principios seculares deben agregarse los bíblicos.[5]

El administrador cristiano debe diferenciarse del secular. La razón es porque Dios está con el creyente y eso debe verse en la empresa.

Cuando pensamos que ser cristiano es solamente participar activamente en la iglesia y no en el mundo, estamos interpretando mal el concepto divino. Dios quiere que seamos fieles tanto en uno como en otro campo y que mostremos al mundo que tenemos «algo más» que los otros, y eso es «Dios con nosotros», «...*para que seáis irreprensibles y sencillos, hijos de Dios sin mancha en medio de una generación maligna y perversa, en medio de la cual resplandecéis como luminares en el mundo...» (Fil 2:15).*

Cuando actuamos únicamente con los principios seculares, las crisis se agravan, solo nos quedan los recursos humanos; pero, cuando agregamos los principios bíblicos, las cosas cambian: «Dios está con nosotros». Lógicamente para que actúe debemos estar unidos a Él y realizar nuestra administración no solo con nuestra capacidad y conocimientos, sino pidiéndole el auxilio del poder de su Espíritu, recordando que con o sin crisis Dios es el mismo.

Ilustra esta forma de pensar lo acontecido al pueblo de Israel cuando se enfrentaron por primera vez a la tierra prometida. Moisés envió doce hombres como espías a reconocer la tierra y considerar las posibilidades de atacarlos y vencerlos. A su regreso, diez de ellas contaron la verdad. Dijeron: «¡Es tierra de gigantes! No podemos vencerlos». Y era cierto. Israel no tenía fuerzas suficientes para oponerse al pueblo de Anac. Los otros dos también dijeron lo mismo, aseveraron con sus palabras lo que los otros diez informaron, pero tuvieron en cuenta un detalle muy importante: ¡Nosotros contamos con Dios! ¡Él nos ayudará a ganar la batalla!

Tristemente el pueblo de Israel siguió observando la situación con sus propios ojos. A Moisés le faltó fuerza para imponerse y no atacaron, obraron como un pueblo sin Dios. Entonces vino la reacción del Todopoderoso y los castigó con una severa medida. *«Ninguno de ustedes verá la tierra prometida ni podrá entrar en ella, salvo los dos que dijeron que debían confiar en Dios, Josué y Caleb».* ¡Cuarenta años transitando por el desierto! (Núm 13 y 14).

Hoy decimos: ¡Qué falta de visión la de los israelitas! ¡Cómo no se acordaron de la forma en que Dios los había acompañado con poder hasta ese momento!, y es cierto, fue un tremendo error. ¿Pero no es acaso la misma situación nuestra cuando planeamos algo y nos olvidamos de Dios? Si Él castigó severamente a ese pueblo suyo, ¿no hará lo mismo con nosotros si ignoramos su poder y asistencia?

Debemos aprender la lección, si queremos tener éxito en la administración de nuestras empresas en todo tiempo y aun en época de crisis debemos respetar el principio divino de la administración. No es matemática de economistas, sino de hombres de fe en Dios. No sabiduría de hombres, sino sabiduría divina. Si administramos apoyados en la Roca Eterna tendremos una ayuda muy importante para enfrentar cualquier problema.

En la Biblia tenemos muchos ejemplos de la manera en que Dios toma a un hombre y lo guía por diversos caminos hasta lograr el plan que se ha trazado. Uno de los que más me impactó desde pequeño es la vida de José, el hijo de Jacob.

Al leer su historia observamos que Dios lo guió de una manera extraña, y por momentos hasta incomprensible, tanto que es imposible que la persona se dé cuenta de que Dios está trabajando con él para lograr grandes cosas. Sin embargo, Dios tenía un plan y lo realizó. ¿Qué necesitó Dios para lograrlo? La fidelidad de José. Él estaba en las manos de Dios y sabía que aunque hubiera pruebas tremendas, su Dios estaría con él.

Veamos algunos logros que obtuvo Dios utilizando a José:

1. Preservó la vida de Jacob, sus hijos, su gente y su ganado.

2. Por la gracia de Dios fue instrumento para que el pueblo de Egipto superara los 7 años de «vacas flacas».

3. Dios le dio sabiduría a José para que se destacara como revelador de sueños primero y como destacado administrador después, frente a Faraón.

4. Tan perfecto fue su plan que permitió que por generaciones los pueblos pudiesen ser administrados con ese sistema: 20% de los ingresos para el estado y el resto para el pueblo.

Si nuestros gobiernos pudieran eliminar la corrupción y los gastos extra por defensa, ese sistema funcionaría perfectamente en nuestros días.

A veces los planes de Dios son difíciles de entender en su comienzo. ¿Quién hubiera imaginado un final victorioso cuando sus hermanos vendieron a José a unos mercaderes? Mucho menos cuando fue preso por defender sus principios morales ante el desafío de la mujer de Potifar. ¿Alguien hubiera arriesgado algo por José? Seguramente nadie. Pero Dios estaba cumpliendo su plan, quizás incomprensible e invisible para los hombres, pero seguro para Él (Gé 37-48).

Debemos aprender la lección que nos deja esta interesante historia. Cuando administramos nuestra vida debemos estar seguros de seguir la voluntad de Dios. Si así es, entonces no tengamos ningún temor, pues el resto lo maneja Él. Aunque tengamos que transitar por caminos que nos resulten incomprensibles, siempre llegaremos a buen puerto.

A un José humillado, despreciado y rechazado, Dios lo convirtió en un José triunfante, victorioso, y lo ubicó en el trono de los faraones. Dios obra en bendición si estamos en su voluntad. Él muestra su voluntad para con nosotros cuando está seguro de que la cumpliremos.

Conclusiones

1. Dios es mi dueño.

2. Todo lo que soy, sé y tengo le pertenece.

3. Las bendiciones que Dios puede enviarme están sujetas a como cumpla mi mayordomía cristiana.

4. Dios siempre es fiel a su promesa.

5. Todos somos administradores.

6. Conceptos de administración.

7. Principios cristianos de administración.

8. Debemos ser ejemplo al mundo en la administración de empresas y de nuestra propia vida.

9. La fidelidad de José debe ser imitada en nuestra vida. Debemos aprender esa lección.

---

[1] Ordway Teed, *The art of administration*, McGraw-Hill Book Company, Inc.
[2] Ibid.
[3] Myron Rush, *Administración, un enfoque bíblico*, Editorial Unilit, Miami.
[4] Ibid.
[5] Ibid.

Capítulo 2 – La iglesia, administradora del plan de Dios

«Y el Señor añadía cada día a la iglesia los que habían de ser salvos». (Hch 2:47b)

«...para que la multiforme sabiduría de Dios sea ahora dada a conocer por medio de la iglesia a los principados y potestades en los lugares celestiales, conforme al propósito eterno que hizo en Cristo Jesús nuestro Señor, en quien tenemos seguridad y acceso con confianza por medio de la fe en él»
(Ef 3:10-12)

Objetivos

1. El estudiante estudiará acerca de cuál es el propósito global de la iglesia, su misión y los diferentes sub-propósitos que contribuyen a que se cumpla lo anteriormente señalado.

2. El estudiante se sentirá motivado a cumplir su papel en la realización del plan de Dios para la iglesia.

3. El alumno, bajo la dirección del liderazgo de la iglesia, comenzará a cumplir una tarea específica en la iglesia local o mejorará la forma en que está realizando lo que hace actualmente.

Las citas que menciono a continuación me hacen sentir satisfecho con la posición de sus autores. En muchos aspectos hallo en ellas cierta afinidad de criterio con lo que pienso en cuanto a la administración de las empresas del Señor.

«Si la empresa cristiana desea realizar las tareas que Dios le traza, sus dirigentes deberán aplicar los principios de administración basados en la Palabra de Dios, en vez de los que promueve y practica el mundo secular. Esto significa que deben fijar su atención en la Palabra de Dios al buscar respuestas acerca de cómo se debe realizar y administrar esa labor».[1]

«En el pasado, la comunidad cristiana no se preocupó en mantener un equilibrio entre el liderazgo "espiritual" y el "administrativo". Todos concuerdan en reconocer la importancia y necesidad de un liderazgo "espiritual". Sin embargo, hace poco que las organizaciones cristianas dedican su atención a la necesidad de un liderazgo «administrativo».[2]

A continuación presento algunas posiciones expuestas en una ponencia que expuse por primera vez en un encuentro de publicadores y libreros en Huampaní, Perú, en 1967, cuyo título es «El trabajo, la empresa y el ejecutivo, desde la perspectiva bíblica»:

Los principios básicos que rigen para la empresa y los negocios seculares, deben regir también para la empresa evangélica. Si no administramos con seriedad los negocios del Señor, estamos cometiendo un grave pecado. Sobre esto ha habido mucha confusión en tiempos pasados. Es hora de reaccionar. La empresa evangélica no es distinta de la secular, aunque es superior. Lo es por el propósito que la anima y porque la dirige el Rey de reyes y el Señor de señores. Esta especialísima circunstancia hace necesario que tengamos más cuidado aun en su administración. No cabe en la empresa evangélica la improvisación. Hay una característica que la distingue de cualquier otra. En ella se amalgama lo divino con lo humano para la realización del motivo principal de la empresa: Anunciar el plan de Dios para la humanidad. Veamos por qué:

1. Dios creó motivos para la existencia de la empresa evangélica.

2. Dios llamó al hombre redimido para la realización de esos motivos.

Por lo tanto la empresa evangélica se compone de:

a. El propósito eterno de Dios: Anunciar el plan de salvación; razón de la existencia de la empresa.

b. El hombre a quien Dios utiliza es anunciador del plan de Dios, realizador de los propósitos de la empresa.

No puede haber exclusión ni sustitución de estos dos aspectos, los cuales se complementan armónicamente mediante el sello inconfundible del Espíritu Santo. No habría progresos en una empresa de esta naturaleza si no contáramos con el hombre a quien Dios utiliza y al mismo tiempo la existencia del hombre para la empresa evangélica no tendría razón de ser si este no comunica el evangelio. Mucho menos utilizaría Dios al hombre, si la meta de este no fuese realizar los propósitos eternos de Él. Por lo tanto, el motivo de la empresa evangélica es: Comunicar el evangelio para salvar al hombre. El propósito definido: Ganar almas para Cristo.[3]

Queda claro en el Nuevo Testamento que la iglesia es la administradora del plan de Dios para la humanidad. Por tanto, como empresa, debe organizarse para que pueda llevar adelante el mensaje que le ha sido encomendado por el Creador, respetando sus leyes.

El mundo al que nos enfrentamos está lleno de pecados y de vicios, y para vencerlo es necesario que la iglesia viva, se desarrolle y actúe en concordancia con el plan que Dios estableció. De otra manera, jamás podremos dar al mundo un testimonio que pueda convencerlo. Nuestra vida y la forma como la vivimos deben ser el mejor ejemplo a imitar por aquellos que piensan encontrar a Jesús a través del espejo de nuestra existencia. La demora en ganar al mundo para Cristo es porque no estamos dando el testimonio adecuado y nuestro ejemplo no convence.

En la organización de las iglesias y, por ende, en los respectivos organismos que derivan de su ministerio, hemos tropezado con varios problemas de interpretación. Esto es lo que quieren destacar los autores de las citas antes mencionadas. Debemos administrar las empresas evangélicas sin olvidar que el jefe es Jesucristo. A Él debemos acudir, no solo para pedirle ayuda, sino para permitirle que nos guíe en la dirección de la empresa. Hay una gran diferencia entre administrar una empresa secular y una cristiana.

Tampoco convence la iglesia mal administrada, en la que en vez de buscar al perdido y hablarle de Cristo, perdemos el tiempo hablando de los problemas internos y de las disputas que como humanos creamos constantemente en nuestro afán por destacarnos: *«Pero si os mordéis y os coméis unos a otros, mirad que también no os consumáis unos a otros. Digo, pues: Andad en el Espíritu, y no satisfagáis los deseos de la carne»* (Gál 5:15-16).

Durante el tiempo que he administrado organizaciones relacionadas con la obra del Señor he tenido que defender muchas veces este criterio, aunque no siempre es comprendido por muchos. Una cosa es manejar una empresa secular, cuyos principales intereses son defender los bienes de sus accionistas, y otra es administrar un negocio cuyo propósito es defender los intereses de Dios en el mundo.

Mientras una se vale de los programas y métodos preparados por personas, el otro debe valerse por los valores morales y espirituales que Dios ha establecido. Una es la ley de los hombres, otro es la ley de Dios. Es cierto que debemos respetar los aspectos legales y normales de una administración, pero mientras una no tiene más recursos que las reglas y leyes humanas de comercialización, el otro cuenta además con la providencia de Dios y su guía para el cumplimiento de las tareas por Él encomendadas.

«En el momento actual, la mayoría de los dirigentes de las organizaciones cristianas reciben su adiestramiento de manos de organizaciones seculares y comerciales. Esto significa que muchos de los líderes cristianos intentan realizar la obra de Dios empleando una filosofía secular que ha sido condenada por Él».[4]

Muchas empresas cristianas fracasan por dos razones principales:

1. No prestar demasiada atención a la administración responsable de sus operaciones pensando que estas son cuestiones espirituales.

2. Contar con una administración responsable, y olvidar que la empresa es de Dios y que Él también debe participar en las operaciones.

Tenemos que señalar, además, que aun cuando muchas empresas seculares tienen éxito económico fallan ante la sociedad por no aplicar los conceptos cristianos administrativos. Cuesta mucho trabajo convencer a algunos administradores de esta diferencia de principios que debe regir en la administración cristiana de sus empresas.

«La mayoría de los tratados de administración, los catedráticos universitarios, así como los asesores y administradores, definen la administración como una manera de hacer el trabajo por medio de otros. Este es un concepto popular y muy atractivo para la naturaleza humana inclinada al pecado, ya que les concede a los administradores el derecho a manejar y explotar a los que están bajo sus órdenes. Es trágico que muchas organizaciones cristianas hayan aceptado esta filosofía comercial mundana como norma, e intenten cumplir su misión divina empleando una corriente administrativa diametralmente opuesta a los principios bíblicos».[5]

En el pasaje de Mateo 20:20-28, observamos el contraste entre el pensamiento filosófico del mundo acerca de la administración y el de Jesucristo: Los hijos de Zebedeo, a pedido de su madre, deseaban los mejores lugares en el reino. El resto de los discípulos reaccionaron contrariados, y Jesús les respondió:

«Sabéis que los gobernantes de las naciones se enseñorean de ellas, y los que son grandes ejercen sobre ellas potestad. Más entre vosotros no será así, sino que el que quiera hacerse grande entre vosotros será vuestro servidor, y el que quiera ser el primero entre vosotros será vuestro siervo; como el Hijo del Hombre no vino para ser servido, sino para servir, y para dar su vida en rescate por muchos» (Mt 20:25-28).

Los administradores del sistema secular emplean a menudo su autoridad y poder para enseñorearse sobre los que se encuentran bajo sus órdenes, aunque hay honrosas excepciones. Jesucristo, sin embargo, dijo que el cristiano no debía comportarse de esa manera. El administrador cristiano está obligado a servir a sus empleados ayudándoles a ser lo más eficaces posible, y cuanto más elevada sea su posición en la organización, mayor será su obligación de servir.

En una oportunidad en que me desempeñaba como administrador de una empresa cristiana mis superiores, para asegurarse que todo marchaba bien, solicitaron a un joven recién graduado de contador público para que hiciera una auditoría interna. Este joven, con la mejor intención, y basado en sus estudios seculares, llevó adelante su tarea de control. Gentilmente me presté a toda investigación y análisis que quisiera hacer acerca de las actividades de la empresa y permitirle realizar su trabajo de la mejor manera posible.

Cuando terminó su investigación preparó su dictamen, citó al director general de la empresa y a mí, en lo que era su oficina, y nos dio su parecer. Era el mes de noviembre y nos dijo que de acuerdo a sus cálculos la empresa debería cerrar sus puertas a más tardar en marzo del año siguiente. Siempre recordaré la mirada sorprendida e inquisitiva con que el director general me miró, como diciendo:

—Aldo, ¿que estás haciendo con la administración de la empresa?

Le sonreí y le dije que todos los cálculos y controles realizados eran correctos, pero que se había omitido un detalle muy importante:

—Nosotros estamos administrando una empresa de Dios y no la nuestra. Eso no se consideró en los cálculos y controles, por lo tanto el informe es cierto solo parcialmente, pues falta la participación del Señor de la empresa.

El contador no sabía qué responder. Eso no se lo habían enseñado en la universidad. Para él era algo fuera de toda lógica. No lo podía comprender. Pensaba más bien que los que administraban esa empresa eran dementes o faltos de lógicos conocimientos técnicos contables.

Yo le respondí: «A usted le falta completar sus estudios en la «universidad de la fe».

Han pasado más de 30 años desde aquel día y la empresa sigue aún con sus puertas abiertas. Tuve el privilegio de dirigirla un poco más tarde, y llegó a tener un desarrollo muy destacado constituyéndose en una de las más importantes en su género en Argentina.

¿Fuimos sus administradores seres superdotados? ¡No! Simplemente fuimos los «hombres a quien Dios utilizó». No se trata de hacer cosas alocadas sin control ni orden administrativos, sino de darnos cuenta de que aparte de todo lo que los hombres han descubierto para hacer, Dios tiene también su participación.

Oración, trabajo, constancia, confianza y fe son los pilares para que las empresas del Señor puedan progresar. Es cierto, y lo reconozco porque lo he vivido, uno está siempre como sobre el filo de la navaja, pero no debe preocuparnos pues estamos tomados de la mano de Dios y el siempre obra. ¡Lo importante es estar siempre en la voluntad del Señor!

Siempre me preocupó el bienestar de los empleados de la empresa. Sostengo el criterio de que los ejecutivos son hombres a quienes Dios utiliza para que a través de sus ministerios en la administración no solo progrese la empresa, sino que también sean de bendición para que las familias que están ligadas a ella por medio de los trabajadores, tengan de parte de Dios la provisión necesaria para su sostenimiento.

En ese sentido toda empresa cumple una función social al respetar y valorar el capital humano de que dispone; y así como reconoce los intereses por los capitales económicos en préstamo que administra, debe reconocer a su capital humano los intereses que se merecen por su participación en el progreso de la empresa. Al no hacerlo así deja de ser empresa para convertirse en una simple organización comercial mercantilizada.

Siempre tuve especial estima por el personal y lo consideré en todo momento un aliado de las funciones directivas en las que el Señor me permitió participar. Conocía la situación económica de cada uno, de sus apremios y dificultades, por lo tanto procuraba que los empleados tuvieran disponibles sus salarios el día del mes señalado.

Cierto mes, sin embargo, las ventas no fueron lo excelente que deseamos y algunas cobranzas se demoraron, de manera que nos vimos en dificultades para pagar los sueldos como lo acostumbrábamos, eso me molestó mucho y alteró mis nervios.

Esa noche regresé a casa preocupado, no pude ni imaginar que el Señor me tendría preparada una sabia lección. Traté de dormir, pero no podía conciliar el sueño. Esto era muy raro en mí pues gracias a Dios siempre he dormido sin problemas. Pero esa noche no podía hacerlo. Mi esposa, que me conocía bien, me dijo:

—¿Qué te pasa que no puedes dormir? ¿Qué te preocupa?

—¡Casi nada! —le respondí—. ¡Mañana debemos pagar los sueldos y no nos alcanza el dinero!

Y con esa sabiduría que a veces Dios da a nuestras esposas, me respondió:

—¿No dices tú que la empresa es del Señor? ¡Deja que Él resuelva la situación!

Esas palabras me ubicaron en la realidad. Los nervios se calmaron y cuando me dispuse a descansar, recibí en mi mente un mensaje sorprendente. Recordé que desde el exterior nos debían varias facturas por la exportación de nuestros libros y seguramente recibiríamos algún pago ahora que lo necesitábamos. Luego de esto me dormí sin problemas.

Al día siguiente, al llegar a la oficina, le dije a mi secretaria:

—¡Tenemos resuelto el problema! ¡Hoy llegan los pagos del exterior!

—¿Y cómo lo sabe?

—Dios me lo confirmó anoche.

Me miró como diciéndome: «¿Está usted bien?»

Media hora más tarde llegó el cartero con la correspondencia del día. Encima de todas las cartas estaba la que esperábamos. Al abrirla quedamos boquiabiertos, venía más dinero del que necesitábamos ese día. ¡Nuestro problema había desaparecido!

¿Por qué comento esta experiencia? Porque hay una enseñanza que avala lo que estuvimos comentando anteriormente. Dios no me contestó esa noche mi oración desesperada. Hubiera sido imposible por falta de tiempo. Él me enseñó que cuando le damos lugar, interviene en nuestros trabajos. Nosotros éramos administradores útiles en su obra y por lo tanto Él se ocupaba de que las cosas sucedieran de manera que comprendiéramos que nuestras dificultades momentáneas no eran problema para Él, pues las había solucionado mucho antes.

La suma recibida estaba fechada 15 días antes y fue enviada 14 días antes de nuestro problema. Esto nos dice que Dios ya lo había previsto. Nuestra falta de fe no nos permitía estar tranquilos. Esta es la parte que muchos no ven, ya que no se enseña en las universidades del mundo, solo se aprende mediante una buena relación con Dios. Esa noche Él me lo recordó.

Si no hubiese tenido al Señor conmigo en la administración de sus empresas, no le hubiese dado lugar atendiendo sus directrices ni le hubiera consultado constantemente, mi administración habría fracasado. Inclusive no hubiera sido administrador, pues no habría tenido sentido. Administrar una empresa de Dios ignorando sus reglas y sus orientaciones morales y espirituales es una necedad. Reconozco que Dios me dio de su sabiduría y de su inteligencia; aun cuando algunas veces fui audaz y desafiante.

En una oportunidad dirigiendo una empresa del Señor en los Estados Unidos, tuve otra evidencia de su poder y de su ayuda, lo cual corrobora lo que comenté anteriormente. Una de las empleadas no era evangélica, asistía a la iglesia de otro credo cristiano. Yo deseaba darle un ejemplo del poder del Dios al cual nosotros servíamos, y buscaba la oportunidad para hacerlo, pero aún no había podido.

Un día, el director de su departamento se ausentó tomando sus vacaciones y, como director general, tuve que supervisar sus tareas. Era un fin de semana y quería dejar saldadas todas las cuentas vencidas. Entonces tuvimos el siguiente diálogo:

—¿Cuantos dólares necesitamos hoy para poner al día las cuentas?

—Es preciso que ingresen 48.000 dólares —me respondió, y agregó—, pero esa cifra es muy superior a los ingresos regulares de un fin de semana.

Resueltamente le respondí:

—Hoy voy a demostrarle el poder del Dios al cual esta empresa sirve, ¡van a ingresar los 48.000 dólares!

—¡Señor Broda! —me respondió—, es fin de semana y nunca se recibe tanto dinero en esta fecha.

—Son las 8:30 de la mañana —le respondí—, a las doce regresó a su oficina para ver qué pasó y le firmo los depósitos.

A las 12:00 del mediodía regresé y sorprendida me dijo:

—¡Señor Broda, no entraron 48.000 dólares, pero entraron 39.000, que igualmente es mucho para un día como hoy!

—¿Vio? —le dije con humor—, ¡No hicimos gol pero pegamos en el poste!

En ese momento, sonó el teléfono. Me llamaban del departamento de ventas. Atendí la llamada y escuché que había llegado una carta con un pedido de mercancía, y junto con ella venía un cheque de... 9.000 dólares. ¡Con eso llegamos a los 48.000 dólares que necesitábamos! La empleada repetía sorprendida: «¡Increíble! ¡Increíble! ¡Increíble!»

Aquí queda demostrado que cuando le damos lugar a Dios en nuestras empresas, Él interviene y resuelve los problemas. Fue un caso similar al que comenté anteriormente. Los cheques recibidos no fueron escritos en el momento que dije que llegarían 48.000 dólares, tenían fechas entre 10 y 15 días antes. Eso demuestra que Dios sabía que íbamos a necesitar ese dinero para esa fecha y se ocupó de movilizar la mente y la disposición de los deudores para que tuviéramos a tiempo el dinero. Dios forma parte de la empresa, nosotros no somos más que administradores a los que Él utiliza. Esa es la diferencia entre una empresa secular y una cristiana.

Estos conceptos administrativos no se refieren solamente a lo económico, alcanza a todo lo que nosotros somos, sabemos y tenemos. Todo nuestro actuar diario debe estar orientado hacia ese tipo de orden y respeto que Dios estableció en su creación y tiene que tenerse en cuenta en todo lo que hagamos para Él.

«Dios quiere ser su socio mayoritario. Cuando le damos la última palabra, Él está libre para llevar a cabo sus planes, metas y objetivos a través de nosotros. En otros términos, Dios está libre para realizar su empresa a través de nuestros negocios».[6]

No debemos pensar que solo las grandes organizaciones necesitan administraciones ordenadas. Todas las congregaciones, pequeñas o grandes, requieren el mismo principio: Administrar con sabiduría y eficiencia.

Si la iglesia es grande, necesitará controles adecuados a su tamaño y podrá inclusive manejarse con personal especializado y equipos contables adecuados. Pero si es pequeña, igualmente requerirá de una administración correcta. A ve es, se tiende a pensar que por ser pequeña la congregación debe administrarse con precariedad. Eso es un error. Debemos aprender que desde el comienzo y aun siendo pequeña, la administración debe realizarse en orden. Eso no implica muchas complicaciones, aunque sí anotaciones y controles correctos y transparentes.

Necesitamos tener fe en todas nuestras acciones. Una fe más allá de lo común, una fe activa y positiva. Siempre que deseo explicar qué es una fe de esta clase utilizo el relato de 2 Reyes 6:8-23, titulado «Eliseo y los sirios». En este pasaje de las Sagradas Escrituras notamos algo sencillo — y a la vez profundo— y que no siempre ponemos en práctica cuando de la fe se trata.

El siervo de Eliseo fue enviado a mirar el amanecer a través de la ventana para comprobar lo que había ocurrido durante la noche. Sin embargo, regresó asustado y sorprendido «¡El enemigo ha acampado a nuestro derredor y solo espera que termine de amanecer para atacarnos!» ¡Derrota a simple vista!

Eliseo, entonces, le pidió al siervo que fuera a ver de nuevo; y mientras este iba, el profeta oró al Dios de los cielos rogando: «¡Ábrele los ojos de la fe para que vea!» El siervo volvió a ver a los enemigos rodeando la ciudad, pero al abrir los ojos de la fe se percató de que tras ellos estaban los carros de fuego de Dios para protegerlos. ¡Eso es fe positiva en acción!

Mientras miró con los ojos humanos no vio más que enemigos, pero cuando puso en práctica la fe observó mucho más allá, vio la realidad de un Dios que no nos abandona y que solo está esperando que le demos lugar para actuar. La falta de fe del siervo le hizo temblar de miedo; la fe de Eliseo le permitió decir: «No tengas miedo, porque más son los que están con nosotros que los que están con ellos». ¿Y qué ocurrió? Eliseo oró a Dios y una ceguera se apoderó de todo el ejército enemigo. El profeta y su siervo, sin luchar, tomaron al enemigo y lo devolvieron a su territorio, infligiéndoles una derrota vergonzosa. Obtuvieron una victoria sin pelear.

Si utilizamos solamente nuestros ojos humanos para ver las cosas, tendremos problemas porque solo veremos una parte de la realidad. Siempre veremos contratiempos, dificultades y pequeñeces. Lo mismo ocurre con el dinero, siempre será menos de lo que necesitamos. Nos hace falta recordar los episodios bíblicos y percatarnos de la tremenda ayuda que Dios puede brindarnos si confiamos en Él.

Durante mi vida como líder de la iglesia he visto tantos proyectos importantes y bien preparados que fueron enviados al «canasto» pues se estimaba que no lograrían obtener los medios para completarlos. Nunca más se presentaron oportunidades tan favorables para realizarlos. Faltó la visión y la fe en un Dios de todo poder. Se miró solo con ojos humanos y no se abrieron los de la fe. Muchos de esos proyectos son hoy recordados diciendo: «¿Por qué no lo hicimos?» En su momento solo se vieron como lo ven los hombres y mujeres que viven sin Dios.

¿Cuándo aprenderemos a depender de Dios y a tenerlo en cuenta en nuestros cálculos? Debido a mi forma de pensar, algunos líderes pusieron delante de mí en muchas oportunidades, el pasaje en el que Jesús expresa su sentir:

«Porque ¿quién de vosotros, queriendo edificar una torre, no se sienta primero y calcula los gastos, a ver si tiene lo que necesita para acabarla? No sea que después que haya puesto el cimiento, y no pueda acabarla, todos los que lo vean comiencen a hacer burla de él, diciendo: Este hombre comenzó a edificar, y no pudo acabar. ¿O qué rey, al marchar a la guerra contra otro rey, no se sienta primero y considera si puede hacer frente con diez mil al que viene contra él con veinte mil? Y si no puede, cuando el otro está todavía lejos, le envía una embajada y le pide condiciones de paz» (Lc 14:28-32).

Sin darse cuenta de que, justamente, este pasaje nos da la razón. Veamos el razonamiento:

Todo ser humano, no importa la creencia o la fe que tenga, aun los ateos, tienen razón de obrar de acuerdo a como el Señor relata. Si no tengo el dinero en la mano no edifico. Si no tengo suficientes soldados no voy a la guerra. Y está bien, así tiene que ser. ¿Pero que dice Jesús? ¿Quién de vosotros no se sienta a calcular lo que tiene?

¿Tenemos los cristianos alguna diferencia con los seres sin Dios? Claro que sí, tenemos lo más valioso: «Dios con nosotros», y eso es muy importante; hace una gran diferencia. Cuando yo como creyente me siento a contar lo que tengo, junto con el dinero o los soldados disponibles, debo hacer el cálculo de que tengo a Dios conmigo. Y eso es una diferencia significativa que no debo ignorar. Allí radica el secreto del éxito y por no tenerlo en cuenta en su momento nos faltan el valor y la fe para enfrentar los grandes retos en el nombre de Dios. Él quiere que estemos contagiados de grandes cosas, no de pequeñas y miserables, como a veces demostramos con nuestro proceder.

¿No tenemos el ejemplo en la Palabra de Dios? ¿Podía el pueblo de Dios cuando huía de la esclavitud en Egipto cruzar el mar Rojo? ¡No! ¡Pero lo cruzó! ¿Podía el pequeño David vencer a Goliat? ¡No! ¡Pero lo venció! ¿Podía David ganar sus batallas luchando con menos soldados que el enemigo? ¡No! ¡Pero las ganó! ¿Podía Eliseo y su siervo librarse del enemigo? ¡No! ¡Pero lo lograron! ¡Cómo! ¿Cómo lo hicieron si no tenían lo necesario para vencer? ¿Cómo fue posible? ¿Eran superdotados? ¡No! Eran semejantes a nosotros. ¿Y entonces? ¡En el momento de sentarse a realizar los cálculos tomaron a Dios en cuenta! ¡Allí está el secreto! Esto es necesario aprender para poder avanzar con segura victoria en la vida cristiana.

¡Cuántas veces me he sentido avergonzado cuando cristianos fieles —frente a proyectos más que interesantes para la obra del Señor— consultaron a especialistas no creyentes para ver si estaban bien ubicados en su manera de pensar! Estas actitudes me hacen recordar a los reyes de Israel, que teniendo al Dios todopoderoso que había obrado entre ellos con grandes maravillas, desatendían las indicaciones del profeta de turno para aceptar los consejos de seres que vivían sin el verdadero Dios. ¡Así les fue y así nos puede ir a nosotros!

La fe de Eliseo es la que necesitamos para enfrentar los problemas diarios. Es la que necesitamos para emprender grandes cosas en el nombre de nuestro Señor. Es esa fe la que nos permite, en el nombre de Dios, triunfar sobre los problemas, oponernos al enemigo y demostrar al mundo que hemos puesto nuestra confianza en un Dios poderoso. ¡Esta es la fe que mueve montañas! Porque está basada en Dios, en forma positiva y activa, y no en los hombres.

«En sus comienzos una organización tiende a desarrollar buenos métodos para llegar a las metas. La ironía es que con el tiempo se sustituyen las metas con los métodos. Así que, durante el proceso de desarrollo de la misión original, la meta u objetivo de una organización se reemplaza por una nueva, a saber: mantener las tradiciones del método. Esto acelera el proceso de envejecimiento de la organización. Durante ese ciclo cesan prácticamente todos los procesos innovadores y creadores. La organización descansa cómodamente sobre su historial de éxitos pasados y toda la energía se dedica a mantener y proteger las tradiciones. Después de todo, a ellas se debe el éxito pasado de la organización. Las nuevas ideas mueren por causa de afirmaciones tales como: "Antes no lo hacíamos así", "No vayas en contra de la marea", "Eso nunca funcionará", "¿Por qué arriesgarse a fracasar y comprometer nuestro buen nombre y posición cuando sabemos que esto ya nos ha dado buen resultado?" A partir de esos criterios la organización comienza a morir por falta de nuevas ideas y vitalidad. Cuando las tradiciones la asfixian y la matan, toda la organización empieza a decaer. Por tanto, el administrador debe examinar sus tradiciones y estar seguro de que se motiva a las personas para que creen nuevas y mejores maneras para realizar con éxito los programas y tareas de la organización».[7]

Esto es una realidad en muchas de nuestras iglesias y organizaciones. Muchos se acostumbran a vivir de las glorias del pasado y se olvidan de los desafíos del presente, y no se atreven a planear el futuro. Una organización que no se renueva ni se actualiza, se detiene en el tiempo y es solo un reflejo de lo que pudiera ser. Es cierto que en su momento fue todo un éxito, pero al no actualizarse, solo viven del pasado. Es decir, viven pero no avanzan.

Conozco muchas congregaciones en esta condición y creo que es preciso educar a los administradores para que tengan siempre un espíritu renovador y una permanente visión de progreso.

El Nuevo Testamento no tiene una descripción más exigente y a la vez más invitadora para los seguidores de Cristo que aquella en la que los presenta como administradores fieles que se han enrolado en las huestes del Maestro.

Conclusión

1. Función de la empresa cristiana.

2. Importancia del ejecutivo (administrador).

3. Motivos de la empresa cristiana.

4. Necesitamos capacitarnos como administradores desde la perspectiva bíblica.

5. Dios debe tener un lugar en la administración.

6. Respeto por los valores humanos del personal que nos acompaña.

7. Debemos administrar la iglesia correctamente, sin importar su tamaño.

8. Importancia de la fe positiva y activa.

9. Debemos estar dispuestos a una permanente renovación y no vivir de las glorias del pasado.

10. Si el administrador cuenta a Dios como su aliado, su tarea se facilitará.

---

[1] Myron Rush, *Administración un enfoque bíblico*, Editorial Unilit, Miami.

[2] Ibid.

[3] Myron Rush, *Cómo ser cristiano y hombre de negocio*, Mundo Hispano.

[4] Myron Rush, *Administración, un enfoque bíblico*, Editorial Unilit, Miami.

[5] Ibid.

[6] Myron Rush, *Cómo ser cristiano y hombre de negocio*, Mundo Hispano.

[7] Myron Rush, *Administración, un enfoque bíblico*, Editorial Unilit, Miami.

Capítulo 3: El plan de Dios requiere pastores y líderes capacitados en administración

«Pues si anuncio el evangelio, no tengo por qué gloriarme; porque me es impuesta necesidad; y ¡ay de mí si no anunciare el evangelio!» (1 Co 9:16)

«Mas vosotros sois linaje escogido, real sacerdocio, nación santa, pueblo adquirido por Dios, para que anunciéis las virtudes de aquel que os llamó de las tinieblas a su luz admirable» (1 P 2:9)

Objetivos

1. El estudiante se percatará del concepto de trabajo en equipo de pastores y líderes al administrar (para realizar con mayor eficiencia las responsabilidades pastorales), así como también para equipar a la iglesia para hacerlo (y así mejorar la obra total de la misma).

2. El alumno sentirá urgencia en capacitarse y asegurar que los líderes de su iglesia estén capacitados.

3. El alumno completará dos entrevistas a fin de capacitarse mejor en el área de la administración.

La iglesia, para cumplir adecuadamente su cometido en este mundo, debe administrarse como una empresa. Esta situación no siempre es aceptada por todos. El hecho de que por lo general considere aspectos espirituales, ha llevado a muchos a pensar que todo lo que se relaciona con «negocio» debe ser excluido de ella. Este error ha hecho fracasar a muchas congregaciones que ven reducida su cantidad de fieles y desmejoradas las actividades que realizan. Además, muchos pastores y líderes que piensan así dejan de cumplir con una de las más importantes tareas que Dios encomendó a todo creyente, y en especial a los que están al frente de la grey, como lo es administrar.

Siendo la iglesia la administradora del plan de Dios, los pastores y líderes de ella deben estar capacitados profesionalmente. Esto es también otro aspecto que ha mejorado mucho, aunque todavía no es aceptado por todos. Los pastores casi siempre se incorporan al ministerio pensando en enfocar y enfatizar la predicación, la oración y una dirección espiritual para la iglesia; pero pronto descubren que la realidad de ciertas congregaciones requiere que se ocupen de trabajar también con las estructuras, ministrando a la gente y a través de ella.

«Es lamentable que aun cuando la mayoría de los pastores se creen capacitados para dirigir espiritualmente a su comunidad, no son muchos los que se consideran con la preparación suficiente como para dirigir una organización».[1]

«El pastor debe actuar como un líder en el campo de la administración, motivando a la gente, presentando desafíos, tomando la iniciativa y organizando adecuadamente. En otras palabras un buen administrador es un buen líder».[2]

Prueba de lo que estamos diciendo se observa en los seminarios e institutos en los que la materia administración, salvo excepciones, ocupa un pequeño espacio dentro de la enseñanza de eclesiología. El apóstol Pablo destaca con claridad cuáles son las responsabilidades administrativas de los siervos de Dios:

«Y él mismo constituyó a unos, apóstoles; a otros profetas; a otros evangelistas; a otros, pastores y maestros, a fin de perfeccionar a los santos para la obra del ministerio, para la edificación del cuerpo de Cristo...» (Ef 4:11-12).

La iglesia debe operar como una empresa. Cristo es la cabeza de la administración, el Espíritu Santo es la fuerza motriz y todos los demás líderes, sean cuales fueren sus funciones, son administradores de las responsabilidades que Dios les ha establecido. Esta administración corresponde a todo lo que es la vida del individuo. Por eso los líderes no solo deben administrar la parte espiritual sino también la material, que está incluida en la vida del creyente y de la iglesia. Y para esto el líder debe capacitarse profesionalmente.

La responsabilidad administrativa, sin embargo, no se detiene en los líderes, sigue hasta alcanzar a todos los creyentes, que son tan responsables como aquellos de la buena marcha de la iglesia. El sacerdocio del creyente es evidente en la voluntad del Señor al establecer la Gran Comisión como punto de partida de la predicación del evangelio para lo cual la constitución de la iglesia es un medio de lograr tal fin.

El apóstol Pedro confirma esta posición al señalar:

«Cada uno según el don que ha recibido, minístrelo a los otros, como buenos administradores de la multiforme gracia de Dios» (1 P 4:10).

Implica todo un proceso de capacitación el llegar a ser buenos administradores de la multiforme gracia de Dios. Los líderes ocuparán distintas responsabilidades, pero todas dirigidas a capacitar al cuerpo de Cristo para que todos puedan ser verdaderos administradores de la gracia divina. No una tarea de unos pocos para que los demás disfruten del espectáculo del evangelio, sino todos unidos trabajando en conjunto para lograr que el mundo pueda conocer el maravilloso poder del evangelio de Cristo. Todos somos administradores aunque para llegar a serlo debemos capacitarnos.

Por ello, cuando se preparan pastores, evangelistas y demás líderes de la iglesia, hay que pensar en la necesidad de capacitarlos en administración para que a la vez estén en condiciones de enseñar a los demás miembros de la iglesia en dicha tarea. Recuerden que no solo debemos ser administradores, sino que la Palabra de Dios dice «buenos», lo cual nos muestra que también los hay malos.

Ya señalamos que la administración no solo implica el manejo económico de la vida de la iglesia y del creyente, sino todo lo que somos, sabemos y tenemos. Eso sí, todo ello debe ser administrado correctamente para que pueda rendir los frutos que Dios espera.

Pablo le expresa a Timoteo su sentimiento con relación a esta tarea administrativa que el creyente debe cumplir. *«Procura con diligencia presentarte a Dios aprobado, como obrero que no tiene de qué avergonzarse, que usa bien la palabra de verdad» (2 Ti 2:15)*.

«Los directivos de las organizaciones cristianas probablemente asistieran a un seminario teológico, o a un instituto bíblico cuyos programas educativos enfatizan cursos como homilética, eclesiología, escatología, exégesis, hermenéutica, griego y hebreo. Todos esos programas son útiles para que una persona pueda enseñar correctamente la doctrina. Pero ninguno de ellos sirve para preparar a una persona a administrar o dirigir una organización o grupo. Es evidente que las organizaciones cristianas deben poner mayor atención a la formación de sus directivos o administradores ya que sin ello, ninguna podrá desempeñar su ministerio en forma productiva».[3]

Estábamos en plena campaña sobre mayordomía en una importante ciudad del interior de Argentina. Su impacto fue más allá de los miembros de la iglesia, ya que el diario de la ciudad, uno de los decanos de la prensa de ese país, envió su corresponsal a entrevistarnos. Conversamos ampliamente con el periodista, este nos prometió que un resumen del reportaje se publicaría en el diario al día siguiente. Sentíamos temor porque a veces los corresponsales adaptan sus reportajes a su manera de pensar más que a la de los entrevistados. Pero al ver el diario observamos que el periodista había captado correctamente nuestra forma de pensar. No solo le dio una buena ubicación al reportaje, sino que tituló el artículo en letras grandes diciendo: «Los evangélicos hacia una mejor administración de sus vidas».

Esta definición «administración de sus vidas», expresa claramente lo que queremos señalar cuando hablamos de «administrador», «mayordomo», «administración» «siervo fiel», etc., y tiene que ver con todo lo que somos, sabemos y tenemos. Cuando decimos administración de la iglesia o empresa, nos estamos refiriendo a estos conceptos más los que hacen al control normal de una organización. Nuestro propósito es lograr que los pastores y los líderes estén correctamente capacitados para poder cumplir con más amplitud sus ministerios.

«El ministro que sirve una iglesia en la sociedad contemporánea está llamado a ser un exponente y un ejemplo de administración cristiana. No importa cuán efectivo sea él como predicador y pastor lo cierto es que fracasará ante el más importante desafío de su vocación si no logra inculcar en su pueblo la noción de la mayordomía. En otras palabras, una parte principal de su tarea consiste en lograr que el reconocimiento que sus fieles sienten por Dios como Creador y Redentor de la totalidad de sus vidas se manifieste en un santo cuidado y una sana administración de todo lo que Dios concede a los hombres».[4]

Un pastor de una iglesia que tenía casi 500 miembros era muy amigo mío. Su pastorado era muy eficiente y tenía una especial dedicación al ministerio. Esta característica aparte de convertirlo en un pastor muy capaz, hacía que los hermanos de su congregación le tuvieran un especial aprecio. Adolecía, sin embargo, de conocimientos administrativos: le costaba hablar de mayordomía y rara vez desafiaba a la membresía. Como consecuencia de esta situación, la iglesia no tenía un adecuado concepto de la administración, los miembros no eran fieles mayordomos y las finanzas eran siempre un problema.

Casi siempre tenían dificultades para completar el presupuesto y el pobre pastor recibía su salario en «cuotas». En estas situaciones me solía invitar para que yo predicara un mensaje sobre mayordomía. En base a la amistad que tenía hacia él, fui en varias oportunidades en el nombre del Señor a ayudarle y la respuesta de los miembros era positiva. Pero, como nadie continuaba luego con la tarea de promocionar la mayordomía, al poco tiempo estaban igual que antes. Comprendí que por ese camino no avanzaríamos, pues cada vez que yo iba a hablar de mayordomía era lo mismo que ir a una planta de higos maduros, tomarla por el tronco, sacudirla y entonces muchos higos caían. Pero, cuando no se sacudía la planta, los higos quedaban en las ramas y se convertían en «pasas». El fruto no era aprovechado.

Una mañana estando en mi oficina sonó el teléfono, atendí el llamado y era mi amigo el pastor pidiendo ayuda nuevamente. Esa mañana me negué a aceptar la invitación para visitarles. Él se sorprendió y se originó el siguiente diálogo:

—¡Cómo me dices que no vas a aceptar!

—Sí, es cierto, no pienso volver a tu iglesia simplemente a predicar un mensaje de mayordomía.

—¿Por qué me dices eso?

—Por la sencilla razón de que yo voy a tu iglesia, hablo sobre el tema y nadie continúa después la tarea.

—¿Y que sugieres? —me preguntó.

—Tu iglesia no necesita solamente mensajes de mayordomía, hace falta realizar una buena campaña, por lo menos de dos fines de semana para tratar este tema en profundidad.

—Pero la comisión de la iglesia no me permite tener una campaña de mayordomía. Tienen muchos prejuicios, me respondió.

—¡Entonces empecemos dándole un curso a la comisión!, le respondí.

—¡Ah!, esa podría ser una buena idea, contestó.

—¡Muy bien! —le dije— háblales, yo estoy dispuesto a tener un curso con ellos.

A la semana siguiente recibí de nuevo su llamado. Era para decirme que la comisión había aceptado tener el curso. Convinimos que serían dos fines de semana con los líderes de la comisión y luego si ellos lo aprobaban tendríamos otros dos fines de semana con cursos para la congregación. Así lo hicimos.

Ellos tenían un presupuesto mensual de US$7.000 dólares y les costaba reunirlos. Después del curso la comisión se atrevió a elevar el presupuesto a US$13.500 dólares mensuales. Temían que la congregación no comprendiera el desafío. Estaban como asustados y el pastor más que preocupado.

Tuvimos la campaña de mayordomía con la iglesia con una muy buena asistencia. Les habíamos entregado a todos una copia del presupuesto, el cual había sido bien explicado. Habíamos apelado a la necesidad de ser fieles administradores de nuestra vida según lo hallamos en las Escrituras. Todos recibieron una tarjeta de promesa, donde aparte de indicar en qué lugar de la iglesia quisieran desarrollar sus dones y talentos, indicarían la cantidad de dinero que, en el nombre del Señor y confiando en sus promesas, ofrendarían por mes. Preparamos una reunión especial el domingo por la noche donde serían recibidas las tarjetas de promesas. Luego del mensaje, pasaron al frente todos los padres de familia acompañados por sus hijos, los que fueron llamados por orden alfabético para evitar confusiones y frente al altar entregaron sus promesas. Fue un momento muy solemne y todos se sintieron impactados. Dedicamos las promesas con una oración y dimos por finalizado el culto.

La reunión continuó con un tiempo de compañerismo en el salón de actos mientras los miembros de la comisión de la iglesia contaban las promesas. Yo les acompañé en esta tarea. Fue interesante ver el rostro del tesorero cuando completó la suma. Dijo: "Nos equivocamos, debemos contar de nuevo". Yo estaba seguro de que no había errores, pero ellos volvieron a contar y la cifra estaba bien. ¡Nadie pensaba en tal respuesta! ¡Las promesas llegaban a US$25.000 por mes! Cuando la cifra se les anunció por los parlantes, a todos los hermanos reunidos en camaradería, se escuchó una expresión de ¡asombro y alegría! ¡Ohhhhh! ¡Gloria a Dios!

Abusando de la confianza que tenía con el pastor, apenas se supo el total de las promesas, fui a su encuentro y le dije: ¿No tienes miedo que el Señor te llame la atención por tu falta de decisión para hablar con franqueza a la iglesia sobre mayordomía? ¡Están sufriendo con un presupuesto de US$7.000 dólares y la congregación está diciendo que ellos pueden dar US$25.000 dólares! No pudo responderme. ¡Estaba mudo de la sorpresa! ¿Dónde fue esa diferencia durante tanto tiempo? En vez de estar en la casa de Dios como correspondía, se fue en mejoras en los hogares, vacaciones, mejores viviendas, mejores autos, etc. ¡Y la obra del Señor sufriendo!

Pero no era eso solamente, todos los miembros habían indicado donde deseaban servir al Señor con sus dones. La iglesia ahora contaba con un ejército de dones y talentos dispuestos a trabajar también para el Señor y no solamente ofrendar. Aquí hacía falta también una organización administrativa para canalizar todas esas voluntades.

Seis meses después se realizaba nuestra convención anual en la ciudad de Córdoba. Mi esposa y yo estábamos en el puesto que la Asociación de Publicaciones había preparado. En ese momento un matrimonio de la iglesia antes mencionada viene a nuestro encuentro para saludarnos y nos dice:

—¡Hermano Broda! ¿Se acuerda del desafío que nos hizo en la iglesia? Cuando firmamos la promesa con mi esposa teníamos temor de no poder cumplir; pero han pasado solo seis meses y el Señor nos ha bendecido más allá de lo que esperábamos. Mientras este matrimonio daba este testimonio yo pensaba para mis adentros: ¡Dios lo ha hecho tan sencillo! ¡Por qué los hombres lo complicamos tanto!

Me ha costado mucho entender a muchos pastores y líderes cuando no promueven una amplia enseñanza de la mayordomía y no administran correctamente a la iglesia. Resulta increíble que a pesar del tiempo transcurrido todavía hay líderes que se resisten a enseñar este tema en profundidad. He pensado mucho sobre cuál es el problema y a veces no le encuentro respuesta.

Acepto que en los comienzos de la predicación del evangelio en Hispano América se tuviera cierto temor de hablar de dinero en la iglesia. Los nuevos creyentes venían en su mayoría de una iglesia donde se cobraba para todo y entonces se quería presentar a una iglesia que no cobraba para nada.... Acepto que también fue un error, pero por lo menos comprensible. Pero que esto exista ahora, con los progresos logrados en la obra, con las enseñanzas claras que hay sobre el tema, me llama mucho la atención.

Siempre que tenemos un extremo —en este caso cierta resistencia a hablar de mayordomía— se corre el riesgo que otros vayan hacia el otro extremo y quieran presentar un evangelio basado principalmente en la prosperidad económica. No es ni lo uno ni lo otro. Lo que nos va a dar una correcta posición es la interpretación exacta de la Palabra de Dios, lo cual permitirá que seamos mayordomos fieles.

«...*Hay quienes reparten y le es añadido más; y hay quienes retienen más de lo que es justo, pero vienen a pobreza. El alma generosa será prosperada; y el que saciare, él también será saciado...*» (Pro 11:24-25).

«...*El levanta del polvo al pobre, y al menesteroso alza del muladar, para hacerlos sentar con los príncipes, con los príncipes de su pueblo...*» (Sal 113:7-8).

¿Por qué no dejamos que Dios haga su voluntad? ¿Es tan difícil hablar a los creyentes con sinceridad y con la Biblia en la mano? ¿Por qué tenemos que padecer necesidades cuando él nos ofrece abundancia?

La correcta administración de la iglesia y la enseñanza de la mayordomía en la congregación es tan importante, que cuando no la practicamos estamos deteniendo el crecimiento y desarrollo de la vida espiritual de los miembros. No hacerlo es un concepto totalmente equivocado y nos desubica frente a las posibilidades que el pueblo de Dios tiene para cumplir con la Gran Comisión. Este no es un programa de los hombres, es de Dios, y como tal es perfecto y sirve adecuadamente para que la iglesia cumpla su cometido y los miembros puedan ser sabios administradores de sus vidas.

Pese a todo debemos dar gracias a Dios por los cambios logrados y por tantos pastores y líderes que están predicando y enseñando la mayordomía cristiana. Los efectos producidos en estas congregaciones son notables.

«En el pasado la comunidad cristiana no se ha preocupado en mantener un equilibrio entre el liderazgo "espiritual" y el "administrativo". Todos están de acuerdo en reconocer la importancia y necesidad de un liderazgo "espiritual". Sin embargo, hace poco que las organizaciones cristianas han dedicado su atención a la necesidad de liderazgo administrativo y gerenciales también».[5]

Es grato ver a muchos pastores y líderes que cuando uno les enseña lo que la Palabra de Dios dice sobre el tema, reaccionan y adoptan una correcta posición. Esto lo hemos comprobado con pastores y líderes de todos los niveles.

Hubo un caso que me impactó. Habíamos grabado una serie de seis conferencias sobre administración de la vida para ser transmitida por medio de la emisora Transmundial, ubicada en Bonaire, en las Antillas. En estas conferencias tratábamos de enseñar todo lo que fuera necesario para que el tema se comprendiera adecuadamente. Hablábamos del mayordomo fiel, de la provisión de Dios, de sus promesas, de nuestras responsabilidades con los dones, diezmos y ofrendas y del desafío que Dios nos daba. Al final de cada conferencia indicábamos que si se deseaba más material sobre el tema podía ser solicitado y nosotros lo enviaríamos. A tal efecto dábamos una dirección en Buenos Aires, donde podían escribirnos.

Entre las muchas cartas que recibimos llegó una de un pastor de una iglesia evangélica, ubicada en las montañas del norte de América del Sur. Agradecía las conferencias y nos solicitaba más material. De acuerdo a lo prometido le enviamos un paquete conteniendo libros y folletos. Pasó un buen tiempo y casi nos habíamos olvidado de este hermano, cuando un día llega una carta de él. Al abrir el sobre comprobamos que antes de escribir la carta había colocado en letras de molde al comienzo del papel lo siguiente: «Benditos los siervos que Dios usa para que nosotros podamos entender su voluntad y nos enseñan cómo servirle mejor». Y luego escribe:

«...Debo reconocer que antes de escuchar las conferencias, yo nunca hablaba de la administración de la vida a mi congregación. Me parecía que estaba pidiendo para mi cuchara [expresión que sugiere, pedir para sus necesidades]. Pero después de escuchar las predicaciones y leer el material que me enviaron, me di cuenta de que estaba equivocado. Ahora predico de mayordomía a la mañana, a la tarde y a la noche, a los jóvenes y a las señoras, en todos los cultos. La iglesia ha crecido enormemente, hay un interés por trabajar para el Señor como nunca antes y ni le cuento como han aumentado las ofrendas. Gracias por ayudarme a cumplir mejor mi ministerio...»

Estos testimonios nos dan ánimo y confirman que Dios sigue iluminando a su pueblo para que los creyentes lleguen a ser fieles mayordomos. Se confirma lo que he aprendido desde joven. Así como Dios ha encomendado a los creyentes para que extiendan su evangelio y no lo hace por medio de ángeles, sino por la fidelidad de aquellos que rescató, quienes ponen al servicio del Señor sus dones y talentos, también las finanzas necesarias para realizar la tarea de la Gran Comisión no serán enviadas por ángeles, sino que serán puestas en los bolsillos de los creyentes fieles que estén dispuestos a trasladarlas a la iglesia en cumplimiento de su fidelidad en la mayordomía. Todo por obra y gracia del Espíritu Santo y a través de una sabia administración de la vida.

«...*Bienaventurado el hombre que teme a Jehová, y en sus mandamientos se deleita en gran manera. Su descendencia será poderosa en la tierra; la generación de los rectos será bendita. Bienes y riquezas hay en su casa, y su justicia permanece para siempre...*» (Sal 112:1-3).

Necesitamos comprender que la enseñanza de la correcta administración de nuestros dones, talentos, tiempo, capacidades, conocimiento y bienes, para el cumplimiento del cometido que Dios ha establecido a la iglesia y al creyente debe partir de la base de lo que la palabra de Dios nos enseña. Pablo se lo recuerda con claridad a Timoteo: «Toda la Escritura es inspirada por Dios, y útil para enseñar, para redargüir, para corregir, para instruir en justicia, a fin de que el hombre de Dios sea perfecto, enteramente preparado para toda buena obra» (2 Ti 3:16-17).

No habrá una correcta administración de nuestras responsabilidades como creyentes si ésta no está basada en la palabra de Dios. Esto debe tenerse en cuenta tanto cuando hablamos de la iglesia o de las organizaciones que surgen como consecuencia de las tareas de la iglesia, misiones, seminarios, casas publicadoras, librerías, radio, televisión, evangelismo, etc.

Por eso es muy importante el criterio con el cual formamos nuestros líderes. Deseo citar algunos interrogantes que han sido mi preocupación y que los he encontrado también en otros escritos:

«...Por qué nadie se ocupa de preparar a hombres y mujeres cristianos para que sean verdaderos ejecutivos de las empresas del mañana...? ¿Por qué el mismo celo que ponemos para preparar teólogos para nuestras iglesias no lo ponemos en la preparación de ejecutivos? ¿No se dan cuenta de que muchas de nuestras empresas fracasan porque estamos poniendo teólogos donde deberían estar los ejecutivos con conocimientos administrativos?»[6]

«...Me he sentido como una clavija cuadrada en un hoyo redondo cada vez que me han encomendado una tarea administrativa siendo yo un pastor evangelista...»[7]

Teniendo en cuenta que muchísimas veces se utilizan a pastores, evangelistas y misioneros para administrar empresas, aunque a veces sea por un tiempo determinado, en sus capacitaciones deberían tener enseñanzas de administración. Muchos de estos contratiempos se hubieran eliminado o por lo menos no serían tan dramáticos.

Hay en estos momentos una reacción y algunos seminarios y o institutos están incluyendo la materia administración en la preparación de los futuros líderes. La aparición de este libro también es una señal que hay organizaciones teológicas que han visto el problema y desean hallar soluciones.

«Yo te instruiré dice el Señor, y te guiaré por el camino mejor para tu vida. Yo te aconsejaré y observaré tu progreso».(Sal 32:8)[8]

«Él guardará en perfecta paz a cuantos confían en Él y cuyos pensamientos buscan a menudo al Señor, porque Él confía en ti».(Is 26:3).[9]

Cuando los pastores y los líderes se dan cuenta de que Dios tiene un plan, deben recordar de inmediato que Dios es la fuente poderosa que está a su disposición para ayudarles a administrar y llevar adelante ese plan. El pasaje de las sagradas escrituras que sigue lo confirma:

«Tiempo me faltaría para hablar de la fe de Gedeón, Barac, Sansón, Jefté, David, Samuel y de todos los profetas; que por medio de la fe conquistaron reinos, administraron justicia, escaparon de las fauces de los leones, apagaron la furia de las llamas y escaparon del filo de la espada; cuya debilidad se tornó en fuerza; y que se volvieron poderosos en la batalla y derrotaron a ejércitos enemigos» (Heb 11:32-34).[10]

Todo el proceso de los acontecimientos comentados sin duda han demandado horas de estudio, planeamiento, y consideración de las posibilidades; sin embargo, el factor primordial del éxito descansaba en la fe que ponían en Dios para lograr la victoria. Por ello el procedimiento a desarrollarse es el siguiente:

1. Descubrir el plan de Dios. Sin duda alguna El lo revelará.

2. Ponerlo en oración.

3. Buscar la dirección de Dios para cumplirlo.

4. Depositar nuestra fe en Dios para obtener resultados positivos.

5. Ser agradecidos por la participación de Dios en la administración del plan.

Aquí tenemos señalado el camino correcto a seguir para desarrollar a los creyentes en la adecuada administración de sus talentos. Primero buscar la dirección del Señor —dueño de la empresa— y cuando nos hallamos seguros de que estamos en su voluntad, entonces comenzar a desarrollar los planes para cumplir con éxito el plan utilizando a todos los miembros de la iglesia.

Recordemos el orden de Efesios 4:11-12:

1. Los líderes capacitándose según su llamamiento.

2. Pasar a capacitar al cuerpo de Cristo.

3. Lograr que entre todos realicen la obra que le corresponde a la iglesia.

4. Recordando que el Señor estará con ellos hasta el fin del mundo (Mateo 28.20b).

Pensando en iglesias ubicadas en Hispano América, diríamos que los pastores deben ser personas que estén dispuestas a ejercer su capacidad administradora. Si no lo son o no lo han aprendido aun, deben estudiar de inmediato. Un pastor capacitado deberá luego preparar líderes para que le secunden en la tarea de capacitar a la membresía. El pastor que todo lo quiere hacer, jamás podrá contar con una iglesia numerosa, pues le faltará tiempo y capacidad para poder administrar todos los asuntos.

En una oportunidad fui invitado a una iglesia para tener una campaña relacionada con el tema «administración de la vida». El pastor de la iglesia hacía poco tiempo que había asumido sus responsabilidades en esa iglesia y éste era su segundo pastorado desde que se había graduado del seminario. Unas semanas antes de la fecha de la campaña me llamó por teléfono para pedirme que por favor fuera con bastante anticipación a la primera reunión, pues él necesitaba que le enseñara sobre el tema, pues no sabía mucho sobre esta materia. Fui con el tiempo necesario para presentarle un breve panorama de lo que yo iba a enseñar, de manera que estuviera informado.

Esta situación no es aislada, la experiencia nos ha enseñado que hay muchos siervos del Señor a quienes no se les ha instruido en profundidad sobre este tema, y como a la vez en muchas congregaciones no hay una enseñanza profunda sobre la materia, las personas creyentes que van a estudiar a un seminario, tampoco llevan mucho conocimiento relacionado con la administración de la vida desde la perspectiva bíblica.

Con lo que hemos comentado en este capítulo, creo firmemente que hay más que argumentos y experiencias que nos demuestran la necesidad de que cada creyente aprenda a administrar correctamente su vida. Para ello es imprescindible que todos los pastores y líderes se capaciten para que a la vez puedan capacitar a otros.

No se trata simplemente de que se aprenda a «administrar», todos somos administradores. Desde el momento en que manejamos nuestra vida, somos «administradores». Lo que deseamos es lograr que todos seamos «buenos administradores». No es cuestión de elegir si me gusta o no «administrar», lo somos por naturaleza.

Este no es un pensamiento nuestro, sino es lo que la Biblia nos enseña. Todos somos «administradores», pero con la aclaración de que lo que Dios quiere es que seamos «buenos» administradores. Hemos citado ya los pasajes que hablan a este respecto. También en la Palabra de Dios encontramos instrucciones para que cada uno conforme sea su capacidad, ayude a otros para que sean todos perfectos administradores.

Hay por lo tanto, hay una responsabilidad para cada individuo y una responsabilidad para cada pastor o líder. En la proporción en que estemos dando atención a esta necesidad de educarnos para educar, aumentará nuestra capacidad para ser «administradores» de nuestra vida y consejeros para la administración de la vida de los demás.

Conclusión

1. La iglesia administradora del plan de Dios.

2. Los pastores y los líderes deben capacitarse en administración.

3. Los pastores y líderes, capacitados, deben hacer lo propio con los miembros de la iglesia.

4. No debemos tener miedo de desafiar a la membresía de la iglesia. Ella siempre responderá bien.

5. Administración y mayordomía son desafíos para el pastor y la congregación.

6. La Palabra de Dios debe guiar nuestra tarea administrativa.

7. Dios quiere buenos mayordomos.

8. Cada «uno» haciendo su parte, permite que el «todo» sea realizado.

9. Una iglesia con líderes capacitados en administración siempre avanza.

10. El pastor debe ser el ejemplo en todo.

---

[1] Myron Rush, *Administración, un enfoque bíblico*, Editorial Unilit, Miami.

[2] *Mastering Church Management*, Multnomah Press.

[3] Myron Rush, *Administración un enfoque bíblico*, Editorial Unilit.

[4] Rodolfo Turnbull, *Diccionario de teología prácticamayordomía*, TELL.

[5] Myron Rush, *Administración, un enfoque bíblico*, Editorial Unilit, Miami.

[6] Otto Bremer, *Perspectivas religiosas en la administración empresarial.*

[7] Clyde Cook, «*Evangelical Missions Quarterly*» Oct. 81.

[8] *Biblia al día.*

[9] Ibid.

[10] Ibid.

Capítulo 4 – El plan de Dios requiere tareas administrativas de la iglesia

«Por lo demás, hermanos, os rogamos y exhortamos en el Señor Jesús, que de la manera que aprendisteis de nosotros cómo os conviene conduciros y agradar a Dios, así abundéis más y más.....y que procuréis tener tranquilidad y ocuparos en vuestros negocios, y trabajar con vuestras manos de la manera que os hemos mandado, a fin de que os conduzcáis honradamente para con los de afuera, y no tengáis necesidad de nada» (1 Tes 4:1,11-12)

«Mas buscad primeramente el reino de Dios y su justicia, y todas estas cosas os serán añadidas» (Mt 6:33)

Objetivos

1. El alumno podrá identificar algunas de las tareas administrativas de las que la iglesia es responsable.

2. El estudiante se preocupará por la realización (en la mejor manera posible) de dichas tareas en la iglesia.

3. El alumno cambiará cualquier comportamiento que constituya un obstáculo para la realización de dichas tareas (por ejemplo, llegar tarde, no contribuir a la obra, no realizar las tareas que contribuyen a realizar el trabajo de la iglesia).

¿Qué administra la iglesia? Si hiciésemos esta pregunta a la mayoría de los miembros de las iglesias, sin duda la respuesta sería muy variada y para algunos seguiría siendo un interrogante.

La mayoría de las personas tienen la idea de que la iglesia administra solo dinero. Este es un sentimiento casi generalizado. Sin embargo, es un gran error. La iglesia tiene la responsabilidad de administrar vidas y todo lo que ellas representan: lo que el miembro es, sabe y tiene. Esto ocupa una parte muy importante de su ministerio, e incluye las finanzas. Muchas veces el desconocimiento de esta realidad ha limitado la labor de la iglesia.

Para aclarar este concepto podemos señalar:

1. Administración de los valores espirituales de los miembros de la iglesia. Dones, talentos, capacidades, conocimientos y tiempo.

2. Administración de los valores económicos de los miembros de la iglesia. Bienes y recursos.

3. Administración del gobierno de la iglesia:

    a. Su organización.

    b. Asuntos administrativos generales.

    c. Asuntos económicos-contables.

El punto 1 será tratado en el Capítulo 5 y el punto 2 en el Capítulo 6. En este capítulo analizaremos el punto 3.

Administración de los recursos de la iglesia

Su organización

De acuerdo a los conceptos bíblicos la iglesia se compone de dos partes: Cabeza y cuerpo.

«..Y lo dio por cabeza sobre todas las cosas a la iglesia, la cual es su cuerpo, la plenitud de Aquél que todo lo llena en todo» (Ef 1:22b, 23).

«Sino que siguiendo la verdad en amor, crezcamos en todo en aquél que es la cabeza, esto es, Cristo, de quién todo el cuerpo, bien concertado y unido entre sí por todas las coyunturas que se ayudan mutuamente, según la actividad propia de cada miembro, recibe su crecimiento para ir edificándose en amor» (Ef 4:15-16).

«Y él es la cabeza del cuerpo que es la iglesia...» (Col 1:18a).

Cristo es la cabeza de la iglesia. La iglesia es su cuerpo

Esto está reconocido por todos los grupos denominacionales. Pero suele ocurrir que cuando estamos en una reunión administrativa de la iglesia, o de sus comisiones, nuestro interés por un proyecto o una posición determinada, nos hace olvidar que debemos respetar esa cabeza y como humanos queremos imponer a toda costa nuestro pensamiento sin estar seguro de que sea el pensamiento del Señor. Somos humanos y podemos equivocarnos. Muchos problemas se hubieran evitado si se hubiese respetado la cabeza. No lo olvidemos.

La cabeza —Cristo— es inamovible. En cuanto al cuerpo las iglesias varían en su forma organizativa. Algunas congregaciones tienen pastores, otras ancianos, otras pastores y ancianos.

En cuanto al cuerpo, la autoridad es dada por su propia organización de acuerdo a los conceptos bíblicos. La autoridad nace de su propia estructura.

Su organización se establece según el tamaño de la iglesia. Por lo general se compone de:

1. Comisiones.

2. Departamentos.

3. Ministerios.

Los respectivos presidentes, conjuntamente con el pastor, forman una comisión coordinadora, o concilio de la iglesia, grupo de trabajo que toma decisiones previas a la consulta a la iglesia. Estas decisiones surgen de las propuestas que provienen de los distintos grupos que representan.

Cuenta también con una secretaría de actas y de una secretaría corresponsal.

Si la iglesia lo requiere puede tener copastores, y un mayor número de comisiones, departamentos y ministerios.

También la mayoría de las iglesias tienen un cuerpo de diáconos. Su número depende del tamaño de la iglesia y sus necesidades. Este cuerpo está formado por líderes elegidos quienes secundan la labor del pastor.

Algunas congregaciones reservan a este cuerpo el manejo del gobierno de la iglesia. Mi experiencia como miembro de muchos años, y también en la función de diácono, me permite afirmar que muchas veces los diáconos han recogido antipatías al pretenderse convertir en «autoridades» dentro de la misma iglesia.

En cambio mi experiencia como diácono ha sido muy enriquecedora cuando este cuerpo se convierte en un grupo de asistencia espiritual, ayudando al pastor en la tarea de la atención a los miembros; dejando que el gobierno de la iglesia sea llevado por el concilio o la comisión coordinadora de la iglesia, de la cual el diaconado también forma parte en la persona de su presidente.

Quizás la razón bíblica que determinó la creación del diaconado no apoye demasiado esta posición; pero también debemos entender que con el crecimiento del número de miembros en las iglesias, hace que sea imposible al pastor brindar una atención personal a cada creyente, y en ese aspecto el auxilio del diaconado es muy oportuno.

Deseo poner por ejemplo el funcionamiento del diaconado en la iglesia en la que soy miembro actualmente: cantidad de miembros 400, diáconos 10. Yo soy parte de esos 10. Dividimos a los miembros en 10 grupos de 40 miembros y cada diácono es responsable de un grupo. Como tenemos diaconisas y diáconos de distintas edades, los grupos están formados teniendo en cuenta la edad, sexo y característica de cada uno.

Mi misión es atender las necesidades espirituales y de diverso orden que surjan en las personas de mi grupo. Para ello nos reunimos periódicamente con el grupo en camaradería para poder conocernos mejor. Llevamos una lista del grupo donde consta el domicilio, teléfono y fecha de cumpleaños de cada uno. Tenemos también un detalle de pedidos de oración de cada uno y tomamos el compromiso de orar todos los días el uno por el otro. Cuando surge algún problema o necesidad de oración especial, inmediatamente nos comunicamos unos a otros, etc.

Mi esposa me secunda en las tareas propias de relaciones con el grupo. Hay en ese sentido una afinidad familiar. Esto ha permitido que los grupos se conozcan mejor, cosa que no ocurre en una congregación de 400 miembros y mucho menos en una mayor. De vez en cuando compartimos nuestra reunión con otro grupo para conocernos mejor.

Si se presenta algún problema demasiado serio, tanto que el diácono no pueda resolverlo, entonces recién lo lleva al pastor. El cuerpo de diáconos tiene reuniones mensuales con el pastor, y en ellas presentamos nuestra información. Esto alivia tremendamente la labor pastoral y permite que los miembros de la iglesia sean «pastoreados» en una manera práctica. De esta forma me he sentido muy cómodo en el diaconado, cosa que no ocurría cuando desempeñaba ese ministerio como administrador del gobierno de la iglesia.

Sé de algunas congregaciones que utilizan «ancianos» para esta tarea y destinan a los diáconos a la administración. De todas maneras el Espíritu Santo dará sabiduría a la congregación para organizarse de la mejor manera. Lo que importa es que la iglesia crezca, los miembros sean atendidos y que la gloria sea para el Señor y no para los hombres.

Asuntos administrativos generales

Periódicamente la iglesia es convocada a reuniones administrativas para considerar los informes de trabajo y la marcha de la iglesia, evaluando sus actividades, consideración de nuevos planes, etc.

Normalmente las resoluciones se toman por consenso de la mayoría. Para orientación del lector recomiendo el estudio del libro *Reglas parlamentarias* por H.F. Kerfoot, Casa Bautista de Publicaciones, en donde están explicadas con amplitud el proceso de una reunión administrativa y su forma de realizarla utilizando el sistema parlamentario.

La iglesia determina la frecuencia de las reuniones administrativas, como así también de las reuniones del concilio y o la comisión coordinadora. Las autoridades se eligen anualmente por la mayoría de los miembros en una reunión administrativa. Algunas iglesias suelen elegirlos por dos años. Para facilitar la tarea, una comisión de nombramientos, designada por la iglesia, puede proponer una terna de candidatos, de entre los cuales la iglesia elige luego uno por mayoría.

Algunas congregaciones suelen confirmar anualmente al pastor. Otras lo hacen por varios años, mientras que otras iglesias lo tratan solamente cuando por voluntad del pastor o de la iglesia se decide un cambio.

En todas las reuniones administrativas debe labrarse un acta donde consta lo resuelto. (Ver modelo de acta).

Para ello se nombra a un secretario de actas. Las actas deben registrarse en un libro especial, debidamente firmadas por las personas responsables. Cada acta debe llevar un número correlativo y la fecha de la reunión. Este libro o los libros de actas debidamente numerados, deben guardarse en perfecto orden y estado, pues son patrimonio de la iglesia y forman parte de su historia.

Debe elaborarse un acta por cada reunión donde se realicen bautismos. Allí debe constar el día, mes y año de la reunión, como así también el nombre de las personas bautizadas. Algunas congregaciones tienen también un libro de registro de miembros; pero mejor aun es tener una ficha individual para cada miembro, donde consten todos sus datos personales, fecha de bautismos y fotografía actualizada (Ver modelo de ficha para el registro de miembros).

Si la iglesia es pequeña, puede funcionar con un solo secretario de actas. Pero al crecer la organización, es bueno que cada comisión, departamento o ministerio tenga su propio secretario.

El secretario corresponsal es el que atiende la correspondencia en consulta con el pastor o el presidente de comisión, departamento o ministerio, según corresponda. Debe llevar un correcto archivo de toda la correspondencia, por orden alfabético y por temas.

En los últimos tiempos con la incorporación de la nueva tecnología, muchas de estas tareas se realizan por computadoras. Esto simplifica la tarea, pero de igual modo deben guardarse los respectivos registros, pues aparte de ser historia, pueden necesitarse algunos datos en el futuro.

Algunas iglesias, por su importante crecimiento están eliminando las reuniones administrativas, dejando la dirección de la iglesia en manos de un grupo más reducido, con fuerte influencia pastoral. Esto podrá ser práctico, aunque no es necesariamente bíblico o democrático.

Asuntos económicos-contables

La administración de las finanzas de la iglesia es muy importante y delicada.

Las congregaciones pequeñas pueden funcionar con un tesorero y un pro-tesorero, pero al crecer necesitan por lo menos un comité de finanzas y ante un mayor crecimiento un departamento o ministerio de mayordomía y finanzas.

Puede comenzarse con un libro contable de entradas y salidas, siempre ordenado y prolijo con la firma de las personas responsables. (Ver modelo de libro contable)

Al crecer la iglesia, necesitará libros más completos, como el libro de bancos, el libro de inventario y el libro de registro de ofrendas. (Ver modelo de libro para registro de ofrendas, para inventario, y libro de bancos.)

Cuando la iglesia, por su crecimiento lo requiera, puede incorporarse el control por computadora y la participación de contadores. Sea cual fuere el sistema adoptado, los informes deben ser periódicos y claros. Sencillos pero transparentes.

La iglesia debe nombrar una comisión revisora de cuentas, la que estará encargada de controlar todas las operaciones contables y debe rubricar, dando conformidad o reparo, a toda información económica.

El tesorero no es el dueño del dinero, él es dueño del manejo de las finanzas de acuerdo al presupuesto.

Comité de finanzas

He deseado destacar las funciones de este comité, tan importante en la vida de la iglesia, porque he observado que a veces por ignorar adecuadamente sus responsabilidades, suelen proceder equivocadamente. Es un comité encargado de ordenar y lograr los recursos que la iglesia necesita para el cumplimiento de su ministerio, sin embargo a veces se la confunde con un tribunal de consulta.

Cada vez que se desea realizar un proyecto o se necesita un aumento de fondos, siempre se consulta al comité: ¿Qué dice el comité de finanzas (o el tesorero según el caso)? ¿Hay fondos para este proyecto? ¿Hay dinero o no hay dinero? y ellos actúan como un ente fiscalizador con más poder que la misma iglesia. Puede ser que la iglesia guiada por el Espíritu Santo ha votado un proyecto de mucho futuro para la obra del Señor y al ser consultada la comisión de finanzas responde: ¡No hay fondos suficientes para ese proyecto! El proyecto va al canasto. ¡Pudo más una comisión que toda la iglesia junta! Ellos confunden su función. En realidad son buscadores de recursos y deben actuar como un comité de finanzas de las empresas. Deben planear cómo conseguir los ingresos necesarios para cumplir el proyecto que la iglesia votó.

Si en las empresas del Señor que él me ha permitido administrar, el comité de finanzas me hubiera rechazado cualquier proyecto elevado por el directorio, simplemente porque no había fondos, al día siguiente estarían buscando una nueva ocupación. No están para decir sí o no, sino para planear la forma cómo conseguir los medios, evaluando todas las posibilidades y recurriendo a todas la posibles fuentes de recursos para cumplir el proyecto. Para eso se los nombra.

Por eso es necesario integrar el comité de finanzas con hombres idóneos con conocimientos comerciales, pero a la vez convencidos de que están administrando una empresa del Señor, y como dijimos en capítulos anteriores, se le debe dar al Señor lugar para que obre. Pero, como principio operativo, debemos primero agotar nuestras posibilidades, siempre confiando en Dios. A veces por falta de visión, solo administramos pobreza, cuando tenemos un Dios rico.

Vamos a mencionar ahora, siete pasos mínimos para un adecuado control de las finanzas de la iglesia con el fin de que pueda servir de ayuda:

1. **Recibir**
   Todo dinero que reciba la iglesia, por ofrendas, contribuciones, donaciones, diezmos, primicias, etc. debe ser ingresado a la tesorería de la iglesia. Luego de la oración de consagración de las ofrendas, el dinero debe llevarse a un lugar seguro. El tesorero o el comité de finanzas designará a las personas que en los respectivos cultos se encargarán de levantar las ofrendas. Tenemos aquí dos recomendaciones:

a) Levantar la ofrenda en el período del culto que corresponde a la adoración. Con profundo sentido de responsabilidad y entrega. Debe prepararse un momento especial a través del cual se convoca al pueblo de Dios a entregar sus diezmos y ofrendas.

b) Levantar la ofrenda desde el fondo del salón hacia adelante. Eso evitará que —como ha pasado en algunas iglesias— la ofrenda sea arrebatada a los encargados de levantarla cuando se encuentran terminando su tarea .

2. **Contar**
   Esta tarea es responsabilidad del tesorero y/o el comité de finanzas. Sin embargo, en algunas congregaciones se nombran personas especiales para esta tarea. Deben contar toda ofrenda y diezmos y llenar planillas especiales donde conste la contribución de cada miembro. Esa planilla debe ser entregada al tesorero con el dinero que corresponde. La mayoría de las iglesias, —para evitar problemas— tienen un número asignado para cada miembro. Ello permite un auto control del ofrendante sin que se conozca su nombre.

3. **Depositar**
   El dinero recibido y contado debe depositarse en el banco. Función que realizará el tesorero o la persona designada. El depósito tiene que ser igual al valor contado. También algunas congregaciones autorizan a los contadores de ofrendas para que hagan el respectivo depósito en el banco. En ese caso las planillas con el total del dinero debe ser igual a las boletas de depósito y la documentación debe entregarse al tesorero.

4. **Egresar**
   Todo pago que se realice debe ser de acuerdo al presupuesto. El tesorero debe emitir cheques por cada pago, guardando el control de pago y el comprobante para su seguridad. De esa manera no tendrá problemas por pérdida de datos de pagos realizados, pues el control del cheque le permitirá llevar el orden. Para gastos pequeños puede tener lo que se llama una «caja chica» con una cantidad de dinero prefijada. En ese caso la caja chica siempre debe tener la misma cantidad, ya sea en efectivo o en efectivo y comprobantes de pago.

5. **Registrar**
   El tesorero o la persona designada debe llevar un perfecto registro de todos los ingresos y los egresos. Cuando la iglesia es muy numerosa, puede nombrarse a una persona para ayudar a llevar los registros, pero esa persona siempre dependerá del tesorero.

6. Informar

El tesorero será el responsable de presentar mensualmente un informe de ingresos y egresos a la congregación. Estos informes pueden colocarse en los transparentes publicitarios que tenga la iglesia o puede registrarse en el boletín de la iglesia. También deberá elevar los informes correspondientes en cada reunión administrativa de la iglesia. La información es muy importante ya que permite a los miembros de la iglesia, ver si su dinero ha ingresado y como se ha ido cumpliendo con el presupuesto.

7. Revisar

La iglesia nombra su comisión revisora de cuenta o sus síndicos, para que revisen todas las operaciones económicas. Esta comisión es responsable directamente a la asamblea de la iglesia y toda información que se publique debe llevar la firma de los revisores, dando con ello a entender que han revisado adecuadamente las operaciones y que todo está en orden. Esto es muy importante. Si la iglesia es muy numerosa, puede en algún momento contratar una auditoría externa para los controles.

La correcta administración de los recursos de la iglesia es un principio cristiano que debe destacarse. La iglesia tiene la responsabilidad sagrada frente a sus miembros de administrar correctamente sus ofrendas y diezmos y rendir cuenta de cómo se empleó el dinero.

Jamás deben utilizarse sistemas improvisados. La responsabilidad del manejo del dinero es sumamente importante y no podemos cometer errores. Como dijimos anteriormente, el dinero ofrendado a la iglesia por diezmos, ofrendas y primicias, no es nuestro, es de Dios y por lo tanto debe administrarse con total seriedad y corrección.

Recuerdo en una oportunidad que tenía una campaña de mayordomía en una iglesia en el norte de América del sur, al terminar el culto vi que el tesorero tomaba el dinero directamente de los platos de la ofrenda y se la colocaba en el bolsillo sin contarla previamente. Me llamó la atención esa actitud y luego se la comenté al pastor. El pastor me dijo «es un hombre muy honesto, la iglesia le tiene mucha confianza...» Le advertí que yo temía frente a una actitud de esa naturaleza. Más o menos un año después volví a la misma iglesia y pregunté al pastor por el hermano tesorero — aquel que yo había visto aquella noche. El pastor me dijo que no estaba más, tuvieron un problema con él acerca de los fondos y se tuvo que ir de la iglesia.... Le recordé mis palabras y tuvo que darme la razón. Siempre es mejor prevenir que curar.

Administración por objetivos

Uno de los mayores enemigos del crecimiento de la iglesia es la improvisación. Por ello hay que eliminar el factor imprevisto. La administración por medio de objetivos, metas y planes es lo más eficiente. Ayuda a planificar, organizar, dirigir, controlar y disciplinar las tareas.

Esta forma de administración significa convertir todo proyecto, programa, plan de trabajo, etc., que se desea alcanzar, en objetivos. La iglesia debe tener un objetivo definido y todo el programa de la iglesia debe ir detrás de ese objetivo. A veces me he encontrado con algunas iglesias que estaban yendo en sentido contrario al objetivo. Por eso tenemos la necesidad de controlar permanentemente las actividades.

Entre los objetivos de la iglesia que pueden existir, mencionamos cinco, pues en forma específica representan lo que realizan las congregaciones en la mayoría de los casos.

1. Ser una base para la proclamación del evangelio

2. Ser un centro de capacitación de sus miembros

3. Ser un lugar donde se enseña la sana doctrina

4. Ser una agencia de la actividad misionera

5. Ser una ayuda importante para la acción comunitaria.

A esto llamaríamos el Objetivo definido de una iglesia. Por lo tanto toda acción de la misma debe ser orientada para el cumplimiento de este objetivo general.

Cada comisión, departamento o ministerio de la iglesia debe elaborar anualmente sus objetivos de forma que puedan contribuir para que la iglesia cumpla el objetivo definido. Para ello hay que planear con tiempo y ver de qué forma cada sector de la iglesia desarrolla sus actividades para poder cumplir con el objetivo definido.

Determinados los objetivos, deben desarrollarse metas y planes de acción adecuados para poder cumplirlos.

Para orientación del lector vamos a desarrollar un objetivo con metas y planes. Vamos a suponer que el departamento de educación cristiana de la iglesia tiene el propósito de lograr que durante el año en curso se desarrollen actividades para capacitar a los maestros de la escuela dominical. Tenemos entonces un objetivo que corresponde al punto 2 del objetivo definido de la iglesia. Llamaremos a este objetivo: Capacitación de los maestros de la Escuela Dominical.

Vamos a fijar ahora las metas:

- Meta 1 – Tener con los maestros un retiro de capacitación donde se estudiará un libro.

- Meta 2 – Desarrollar tres clases especiales de capacitación de los maestros donde se les enseñará técnicas actualizadas de la pedagogía.

- Meta 3 – Charla a cargo del Pastor donde se le hará ver al maestro el valioso significado de la dedicación a la enseñanza en la iglesia.

Teniendo la meta definida debemos trazar los planes de acción para que estemos seguros que llevaremos la meta a feliz término. (Ver gráfico de plan de acción para el cumplimiento de metas)

De esta forma tendremos asegurado cada paso de las metas a cumplir y quiénes serán los encargados de realizarlos y controlarlos.

La iglesia imprimirá formularios especiales para estos objetivos, metas y planes, de manera que su uso sea práctico y su implementación sea la adecuada. Por la experiencia adquirida en la administración de empresas del Señor, puedo asegurarles que ésta es la manera más rápida y segura de realizar cualquier actividad dentro de la iglesia. Evita las improvisaciones y también aquello de ¿quién hará tal cosa? o ¡no me tocaba a mí, le tocaba a otro!

Siempre debe enviarse una copia de las metas y planes a la oficina del pastor para que esté enterado de lo que se planea y él se preocupe también de controlar si en verdad los planes se van cumpliendo.

Debemos administrar bien, pues así se hace mucho más y se evita el desorden.

«En un mundo cada vez más conflictivo, en el que la maldad se multiplica y los obstáculos son cada vez más sofisticados, las necesidades acuciantes de una creación que gime, espera el «Heme aquí, envíame a mí» de los administradores y nuevos administradores que surjan. Creemos que esto representa todo un desafío de valientes». [1]

Conclusión

1. ¿Qué administra la iglesia?

2. Organización bíblica de la iglesia.

3. Organización administrativa de la iglesia.

4. Conceptos administrativos generales.

5. Asuntos económicos contables.

6. Función del tesorero.

7. Responsabilidades del comité de finanzas.

8. Los siete pasos mínimos del control de las finanzas.

9. Administración por objetivos.

10. Metas y planes.

Modelo de acta de una reunión administrativa de la iglesia

Acta N°_____

En la ciudad de _____ a los _____ días del mes de _____ de _____, se reúne la asamblea administrativa de la iglesia con el propósito de tratar el siguiente orden del día:

1. Lectura del acta anterior.

2. Informe del pastor sobre la marcha de la obra.

3. Informes de las comisiones y lo ministerios (detallar lo que corresponda).

4. Informe de tesorería.

5. Propuestas que se someterán a consideración de la iglesia (detallarlas si hay alguna).

6. Eventuales.

Siendo las 17.30 hrs. y con la presencia de miembros, que representan más del quorum requerido se da comienzo a la reunión bajo la dirección del pastor. Se canta un himno y el pastor nos presenta una meditación espiritual sobre el pasaje y luego de una oración declara abierta la sesión pare tratar el orden del día establecido.

El mismo pastor presenta su informe dando una reseña de la marcha de la obra donde se destaca el progreso logrado en estos últimos meses, especialmente por la apertura de una nueva misión en el barrio de _____, se recibe el informe y se da por aprobado.

A continuación se escuchan los informes de las comisiones o ministerios presentados por sus respectivos presidentes. Los mismos son recibidos y aprobados sin observaciones.

El tesorero presenta su informe correspondiente al último trimestre. En un amplio detalle de las entradas y salidas perfectamente registradas el tesorero hace notar que el presupuesto se viene cumpliendo normalmente. El informe es aprobado por unanimidad.

Se tratan luego las propuestas, las que son presentadas por orden. Las dos primeras son desestimadas por entender la asamblea que aún la iglesia no está en condiciones de afrontar esas responsabilidades. Las dos restantes son aprobadas (detallar lo presentado) y se dispone que de inmediato la iglesia por media de los organismos que correspondan reciba información de los avances que se logren. En eventuales fue presentada la moción de que se modifique el horario del culto vespertino. La moción fue aprobada sin objeciones por lo que a partir del próximo domingo el horario del culto de la noche comenzara a las 20,30 hs. Este horario regirá hasta que termine el verano.

Se designan dos hermanos pare acompañar la firma del secretario en las actas, ellos son: _____ y _____ (nombres).

No habiendo más asuntos pare tratar, el pastor luego de una oración da por concluida la asamblea. Firman el acta: (El secretario y las dos personas designadas por la asamblea.)

Nota: Es aconsejable que todos los informes y los asuntos a considerar sean presentados por escrito y que una copia de ellos quede en la secretario de la iglesia.

MODELO DE FICHA PARA EL REGISTRO DE MIEMBROS

Ficha individual de los miembros de la iglesia

Nombre de la iglesia: _____

Nombre: _____

Domicilio: _____

Teléfono: _____ **Celular :** _____

Correo electrónico: _____

Edad: _____ **Estado Civil:** _____ **Sexo:** _____

Fecha de ingreso a la iglesia: _____

    Por bautismo: _____ **Por carta:** _____

Si es por carta, iglesia de donde proviene: _____

    Fecha de bautismo: _____

Tiene familiares en la iglesia: _____

Dones y talentos que destacar: _____

Ministerio donde colabora: _____

Otros datos de interés: _____

_____

_____

Fotografía:

MODELO DE LIBRO CONTABLE
Las librerías venden libros ya preparados para este propósito

Ingresos		Año _____			Egresos
Fecha	Detalles	Importe	FechaDetalles		Importe
01/15	Ofrendas del día	$1,250.00	01/26	Depósito bancario	$5,505.35
01/25	Diezmos	$4,255.35	02/02	Depósito bancario	$6,657.00
02/02	Ofrendas del día	$1,146.30			
02/02	Diezmos	$5,430.70			
02/02	Ofrenda N.N.	$ 30.00			
02/02	Ofrenda Casa Ancianos	$ 50.00			
Total		$12,162.35	Total		$12,162.35

MODELO DE LIBRO PARA REGISTRO DE OFRENDAS

Mes _____		Mes_____	
Sobre # (nombre)	Importe	Sobre# (nombre	Importe
45	$ 50.00	38	$ 30.00
48	$ 15.00	40	$
146	$ 12.00	45	$
147	$ 50.00	48	$
152	$ 25.00	146	$
155	$ 5.00	147	$
161	$ 12.00	150	$
163	$ 6.00	155	$
165	$ 3.50	160	$
188	$ 12.00	163	$
		186	$ 7.00
		188	$ 12.00
		Ramón González	$ 10.00
		María Gómez	$ 5.00
Total _____(mes) $198.00		Total _____(mes) $312.00	

MODELO DE LIBRO DE BANCOS
(Pueden ser operaciones en cuenta corriente o caja de ahorros)

Nombre del Banco: ____ _____ Tipo de Cuenta _____

Número de cuenta: _____

Ingresos	Egresos	Saldo	
01/26 - Depósito $5,505.35			$ 5,505.35
02/02 - Depósito $6,657.00			$12,162.35
	02/02 - Sueldo Pastor Ch #	$1,250.00	$10,912.35
	02/02 - Pago Impuestos_Ch #	$ 125.00	$10,787.35
	02/03 - Ofrenda Hogar Anchianos Ch#	$ 50.00	$10,737.35
	02/06 - Gastos varios/detalle Ch#	$ 36.00	$10,700.00
	02/07 - Educación Cristiana/detalle Ch#	$ 150.00	$10,550.95
	02/08 - Pago factura luz Ch#	$ 10.40	$10,540.95

En forma sucesiva, según se presenten los gastos y depósitos deben registrarse por orden de fecha y también por orden del número de cheque.

MODELO DE LIBRO PARA INVENTARIO
(Los libros pueden comprarse en las librerías)

No.	Descripción	Costo Estimado c/u	Valor estimado
1.	6 Ventiladores de techo	$ 25.00	$ 150.00
2	5 Mesas de trabajo en Educ. Cna.	$ 55.00	$ 275.00
3	16 Bancos del templo	$100.00	$ 1,600.00
4	1 Púlpito del templo	$200.00	$ 200.00
5	1 Alfombra, templo	$120.00	$ 120.00
6	6 Calefactores	$ 60.00	$ 360.00
7	1 Escritorio, Oficina Pastoral	$250.00	$ 250.00
8	1 Biblioteca, Oficina Pastoral	$150.00	$ 150.00
9	1 Sillón, Oficina Pastoral	$ 35.00	$ 35.00
10	1 Cocina	$ 60.00	$ 60.00
11	1 Mesa cocina	$ 20.00	$ 20.00
12	50 Platos y 100 vasos	$ 1.00	$ 150.00
13	20 Enseres varios de cocina	$ 2.00	$ 40.00
14	120 Sillas	$ 10.00	$ 1,200.00
15	1 Terreno para futuro templo ubicado en el barrio		$ 3,200.00
16	Valor del templo y terreno actual		$35,000.00

Detallar en este orden todos los valores disponibles en muebles y útiles que pueda tener la iglesia. Este es sólo un modelo. _____

Valor del inventario al (Fecha) $42,810.00

PLAN DE ACCIÓN PARA EL CUMPLIMIENTO DE METAS

Meta No. I - Tener con los maestros un retiro de capacitación donde se estudiará un libro.

Acción	Encargado	Fecha cumplimento	Encargado control	OK
1. Determinar fecha de retiro	Comité del retiro	Marzo 15	José	
2. Buscar lugar para el retiro	José	Marzo 21	Mario	
3. Elegir el libro a estudiar	Comité del retiro	Marzo 21	Rubén	
4. Invitar al encargado del estudio	Pedro	Marzo 21	Mariana	
5. Programar la publicidad	Raúl y Ana María	Marzo 30	Adrián	
6. Encargados de la promoción	Comité del retiro	Mayo 25	Esteban	
7. Cursar invitación a los maestros	Directora Esc. Dom.	Mayo 31	Comité	
8. Informar al pastor	Comité del retiro	Mayo 31	Antonio	
9. Alquilar omnibus	José	Junio 15	Mario	
10. Evaluación del retiro	Comité del retiro	Agosto 2	Rubén	

PLAN DE ACCIÓN PARA EL CUMPLIMIENTO DE METAS

Meta No. II - Desarrollar tres clases especiales de capacitación de los maestros donde se les enseñará técnicas actualizadas de la pedagogía.

Acción	Encargado	Fecha cumplimento	Encargado control	OK
1. Determinar las fechas de las clases	Comité	Julio 10	Mario	
2. Elegir a los profesores	Comité	Julio 15	Mario	
3. Seleccionar el lugar	Comité	Julio 15	Mario	
4. Preparar la publicidad	Raúl y Ana María	Agosto 15	José	
5. Encargados de la promoción	Comité	Agosto 15	Mario	
6. Cursar invitación a los maestros	Director Esc. Dom.	Agosto 15	Comité	
7. Informar al pastor	Comité	Agosto 15	Mario	
8. Evaluación del retiro	Comité	Septiembre 30	Mario	
9. Preparar los certificados	Susana	Septiembre 30	José	
10. Entregar los Certificados	Director Esc. Dom	Octubre 15	Comité	

Capítulo 5 – El plan de Dios requiere una adecuada administración de los recursos espirituales de sus miembros

«Cada uno según el don que ha recibido, minístrelo a los otros, como buenos administradores de la multiforme gracia de Dios». (1 P 4:10)

«Ahora bien, hay diversidad de dones, pero el Espíritu es el mismo. Y hay diversidad de ministerios, pero el Señor es el mismo. Y hay diversidad de operaciones, pero Dios, que hace todas las cosas es el mismo». (1 Co 12:4-6)

Objetivos

1. El alumno podrá identificar algunos de los recursos espirituales y su responsabilidad correspondiente.

2. El estudiante sentirá el privilegio y la responsabilidad de usar sus recursos espirituales en el contexto del cuerpo.

3. El alumno comenzará a usar sus recursos espirituales y a motivar a otros creyentes a usar los suyos.

Los creyentes de las congregaciones son un ejército de dones, talentos, capacidades, conocimientos y tiempo. Pero a veces ese ejército está dormido, como aletargado, dando una impresión de impotencia. Lejos de avasallar al enemigo somos amedrentados por él.

Tenemos con nosotros al Rey de Reyes y Señor de Señores, al Dios de todo poder, pero esa capacidad no se nota en el ambiente en que actuamos. Quienes están a nuestro alrededor no se percatan de esa capacidad que está de nuestro lado. Salvo excepciones, en la mayoría de los casos la situación es así. ¿Cuál es el problema? ¡Tenemos un gigante dormido!

Las iglesias necesitan despertar a la realidad de que deben capacitar a sus miembros y desarrollarlos para alcanzar el éxito que presupone tener a Dios con nosotros. Deben hacer que sus miembros descubran sus dones espirituales, los despierten, y a cada uno desafiarle para que sean puestos al servicio del Señor.

Los dones espirituales no desarrollados se atrofian y se pierden. En cambio puestos a trabajar para el Señor son enriquecidos. Más damos, más recibimos. Cuando no nos ocupamos como iglesia para que los miembros desarrollen sus dones espirituales les estamos haciendo un daño, pues les privamos de recibir las bendiciones que el Señor está dispuesto a enviarles por su fidelidad como administradores.

Despertemos al gigante dormido y nos sorprenderemos de lo que podemos hacer en el nombre del Señor para su honra y gloria.

¿Que administramos en la vida? Tiempo, talentos, dones, conocimientos, y capacidades, forman el caudal de lo que somos y sabemos. Diariamente administramos todo esto. ¿Cómo lo hacemos? ¿Bien o mal? De cómo lo hagamos dependen nuestra salud, gozo, bienestar y las bendiciones prometidas por aquél que es el autor de la vida.

Tiempo

Cuántas veces al referirnos al tiempo expresamos «¡no me alcanza para nada!» o «¡Nunca tengo tiempo para hacer todo lo que quiero!» «¡Tengo tanto para hacer que no hay tiempo que alcance!» ¿Es esto una verdad? ¿Es en realidad la verdad de lo que nos ocurre?

Pienso que muchas veces el problema es la despreocupación con que actuamos en la administración del tiempo. Es más un desorden administrativo del tiempo que una realidad. Dijimos en los capítulos anteriores que la «administración es un arte», y cuando así nos expresamos nuestro pensamiento va de inmediato hacia lo económico, al manejo del dinero y los asuntos financieros. Pero no debe ser así, toda acción requiere una sabia administración. Máxime cuando estamos trabajando en actividades relacionadas con el Reino de Dios.

El tiempo es lo primero que debemos aprender a administrar, pues es el factor tiempo un valor importantísimo en toda administración. Mientras no hayamos ordenado adecuadamente la administración del tiempo, será muy difícil poder administrar el resto de la vida, incluido el campo económico. Hay tiempo para todo, pero si no nos ordenamos, ¡no habrá tiempo para nada!

«Todo tiene su tiempo, y todo lo que se quiere debajo del cielo tiene su hora». (Ecl 3:1)

«Mirad, pues, con diligencia como andéis, no como necios sino como sabios, aprovechando bien el tiempo, porque los días son malos. Por

tanto, no seáis insensatos, sino entendidos de cuál sea la voluntad del Señor». (Ef 5:15-17).

Hay toda una sabiduría en el manejo del tiempo. Dios está dispuesto a ayudarnos si le damos participación en la administración de cada segundo de nuestra vida. Lamentablemente debemos reconocer que desperdiciamos más tiempo del que debiéramos, o no lo utilizamos con sabiduría. Si «el tiempo es oro» como dice un refrán popular, estamos malgastando por falta de una adecuada disciplina administrativa, una riqueza. Dios nos llama a reflexionar, quiere que «entendamos cuál es la voluntad del Señor».

Cuando nosotros permitimos la colaboración de Dios en nuestras empresas, él siempre se hace presente. Con el tiempo ocurre lo mismo. Es necesario tener sabiduría de lo alto para no perderlo inútilmente. Cuando él interviene todo tiene solución.

Antes de dedicar mi vida para atender la administración de empresas del Señor, yo tenía una empresa secular. Mi remuneración mensual estaba basada en porcentajes sobre los totales de ventas, de modo que mi preocupación principal era vender para poder ganar más. La atención de la papelería provocada por el propio trabajo siempre la tenía atrasada ya que ella no me redituaba ganancia alguna. Para tratar de ponerla al día utilizaba las tardes del día domingo pensando de ese modo que ganaría algo de tiempo. Sin embargo al llegar al fin de la semana siguiente siempre estaba igual. Algo ocurría que me demoraba en los días de semana y me privaba del avance logrado el domingo por la tarde.

Esto me preocupaba y entonces pensé si neciamente no estaba utilizando tiempo del día domingo en algo que me beneficiaba a mí y no al Señor. Tomé una drástica decisión y prometí al Señor que no volvería a perder ese tiempo del domingo en cosas personales. ¿Qué ocurrió? No sé cómo, pero fui poniendo en orden mi trabajo atrasado durante la semana. Cuando comencé a planear el tiempo con ayuda del Señor, él me ayudó a establecer el orden.

Es posible que muchas veces esto nos esté ocurriendo. En nuestro afán por hacer las cosas queremos correr por todos lados, sin orden, y no alcanzamos los ideales. Si solicitamos la ayuda del Señor y planeamos nuestra agenda del tiempo bajo su dirección, no solo estará más ordenada, sino que él nos orientará a administrar el tiempo de modo que podamos hacer muchas más cosas que las que realizamos cuando no le damos participación.

Una agenda ordenada, hora por hora, planeada de acuerdo a las necesidades, permitirá que nuestro día sea más que suficiente para atender todos los requerimientos, y lo que es más interesante, no estaremos perdiendo el tiempo en cosas que nos impiden realizar las tareas en orden. Un pastor, un líder, ordenado en su tiempo, será de gran influencia para que los miembros de la iglesia lo imiten y reciban una enseñanza provechosa sobre este aspecto tan importante de la vida. (Ver modelo de agenda)

Otro detalle que tiene que ver con la correcta administración del tiempo es dar preferencia a la parte más importante del ministerio. Hay muchos pastores que aparte de su responsabilidad para con la iglesia, están actuando en numerosos organismos, y/o entidades denominacionales e interdenominacionales; otros son profesores de seminarios, etc. Todo esto es muy bueno, pero, si la atención de estos asuntos requiere tiempo que reclama la iglesia, creo que debe pensarse seriamente en la conveniencia de continuar en esta situación. Resentir las tareas de la iglesia por ocupar puestos que otros pueden llenar no es muy conveniente. Esto complica el tiempo disponible y a veces por más que se ordene y administre adecuadamente no alcanza.

Muchas veces por problemas económicos los pastores deben asumir otras responsabilidades, pero en ese caso, la iglesia debe ser consciente que el tiempo del pastor será limitado. Nuevamente la participación del Señor dará luz sobre el problema y le permitirá al pastor que el tiempo que él destine a la iglesia sea aprovechado con sabiduría.

Cuando ordenamos la utilización del tiempo también observamos otro detalle importante. Por ejemplo: vemos que lo que hay que realizar es más de lo que puede hacerse con el tiempo disponible. Esto nos lleva a otra forma de administrar el tiempo. Si el nuestro no alcanza, entonces debemos procurar ayuda. Esta puede venir de quien cumple funciones de copastor, o en su reemplazo de los diáconos, o de algunos líderes a quienes debemos pedirles colaboración para poder cumplir con todo lo que el ministerio nos demanda.

Dejar de hacer algo importante por falta de tiempo es el más grave error. Puede ser que esa visita que no se hace, ese llamado telefónico que deja de hacerse por falta de tiempo, tiene más significación para la persona que la espera, que escuchar un mensaje por más interesante que sea. La falta de atención demostrará que hay carencia de amor y eso es muy grave.

Cuando administramos nuestro tiempo con sabiduría divina observaremos que no solo debemos hacer las cosas que requiera la iglesia o nuestra empresa, sino también las demandas familiares y las necesidades de nuestro propio descanso. He visto muchos pastores y directivos de empresas muy activos en sus respectivos ministerios, pero que han descuidado sus familias y el cuidado de su propio cuerpo. ¡Cuidado! Podemos tener una iglesia floreciente y un hogar con problemas, o podemos tener una iglesia floreciente, un buen hogar, pero nosotros estamos destruidos físicamente. ¡Dios no desea esto! En la administración de nuestro tiempo deben figurar también los requerimientos del hogar y nuestra propia salud.

Puedo hablar de esto con autoridad pues he sido hijo de pastor y he sufrido en carne propia algunos de los problemas que menciono y he visto deteriorarse la salud de mi padre en su afán por hacer una milla más de la debida. Sé que Dios recompensa y ayuda en situaciones como ésta; pero ¡cuidado! no debemos abusar. ¡Tenga en su agenda tiempo para la familia y tiempo para cuidar su salud! Su ministerio será más completo y más duradero.

«No hace mucho al revisar mi calendario de bolsillo después de anotar lo que había hecho diariamente durante las últimas semanas, me di cuenta que estaba repasando los principales sucesos de mi vida. Noté con ansiedad que el paso del tiempo significaba el paso de la vida, y pensando así vi el tiempo con una nueva importancia y significado. Pensé que las personas que tienen problemas en la distribución de su tiempo tienen, en realidad, problemas para aprovechar sus vidas.

«El tiempo es el recurso más valioso. El tiempo tiene una característica única, porque a diferencia de otros recursos no se puede guardar ni economizar. Con frecuencia oímos decir "tengo que ahorrar tiempo". Pero el tiempo no puede economizarse ni guardarse para emplearse después, se tiene que emplear en el momento en que está disponible. Lo que usted es, lo que usted posee, están unidos a cómo ha empleado su tiempo. Por lo tanto, viendo lo que una persona posee y escuchando su conversación se puede saber cómo ha empleado su tiempo».[2]

«Para el dirigente, el gerente y el hombre de negocios cristiano, la manera en que Dios hace acontecer las cosas ocupa un lugar primordial en la distribución del tiempo. Dios no solamente tiene un plan para el líder cristiano, sino un momento preciso en el cual el plan debe realizarse».[3]

«...Al justo y al impío juzgará Dios; porque allí hay un tiempo para todo lo que se quiere y para todo lo que se hace». (Ecl 3:17)

Talentos

Usamos esta palabra para definir aquellos atributos que están en cada ser humano. Todos tenemos alguna especialidad o forma de ser, nadie es nada, Dios nos ha dado a todos una característica.

Es interesante analizar a conciencia la parábola de los talentos. Jesús establece a través de ella, enseñanzas que nos muestran la forma como nosotros debemos administrar nuestros talentos y cuál es la forma como él desea que lo hagamos:

»Porque el reino de los cielos es como un hombre que yéndose lejos, llamó a sus siervos y les entregó sus bienes. A uno dio cinco talentos, y a otro dos, y a otro uno, a cada uno conforme a su capacidad: y luego se fue lejos.

»El que había recibido cinco talentos fue y negoció con recursos espirituales de sus miembros ellos y ganó otros cinco talentos. Asimismo el que había recibido dos, ganó también otros dos. Pero el que había recibido uno fue y cavó en la tierra, y escondió el dinero de su señor.

»Después de mucho tiempo vino el señor de aquellos siervos, y arregló cuentas con ellos. Y llegando el que había recibido cinco talentos, trajo otros cinco talentos, diciendo: Señor, cinco talentos me entregaste; aquí tienes, he ganado otros cinco talentos sobre ellos. Y su señor le dijo: Bien, buen siervo y fiel; sobre poco has sido fiel, sobre mucho te pondré; entra en el gozo de tu señor.

»Llegando también el que había recibido dos talentos, dijo: Señor, dos talentos me entregaste; aquí tienes, he ganado otros dos talentos sobre ellos. Su señor le dijo: Bien, buen siervo y fiel; sobre poco has sido fiel, sobre mucho te pondré; entra en el gozo de tu señor.

»Pero llegando también el que había recibido un talento, dijo: Señor, te conocía que eres hombre duro, que siegas donde no sembraste y recoges donde no esparciste; por lo cual tuve miedo, y fui y escondí tu talento en la tierra; aquí tienes lo que es tuyo.

»Respondiendo su señor, le dijo: Siervo malo y negligente, sabías que siego donde no sembré, y que recojo donde no esparcí. Por tanto, debías haber dado mi dinero a los banqueros, y al venir yo, hubiera recibido lo que es mío con los intereses. Quitadle, pues, el talento, y dadlo al que tiene diez talentos.

»Porque al que tiene, le será dado, y tendrá más; y al que no tiene, aun lo que tiene le será quitado. Y al siervo inútil echadle en las tinieblas de afuera; allí será el lloro y el crujir de dientes» (Mt 25:14-30).

1. La distribución de talentos no es igual para todos. Uno recibió cinco, otro recibió dos, y el tercero uno. Esto indica que no todos tenemos la misma capacidad. Dios no pone sobre nosotros más de lo que podemos realizar.

2. Quienes regresan con diez talentos y cuatro talentos, aun cuando las cantidades son diferentes, todos traen el 100% de lo que les fue confiado. Esto nos indica que Dios exige el 100% de nuestros talentos para su obra, no menos. Ambos recibieron bendición del Señor.

3. El que regresó con un talento no rindió nada. Lo tuvo, y quizás lo mostraba como un talento suyo. No lo puso en práctica y no fructificó. Dios se lo quitó. Perdió lo que tenía y no obtuvo bendición.

4. El talento quitado le fue dado al que tenía cinco talentos. Aquí surge una pregunta ¿Por qué no se lo dio al que tenía sólo dos talentos? Ocurre que hay otra enseñanza. Dios premia al que tenía cinco talentos y lo carga con uno más. Ahora debe rendir por 11 talentos. ¿Por qué lo hizo? Lo vio con capacidad para mayores responsabilidades y le añadió nuevas.

5. Jesús nos enseña que la obra no se va a detener por nuestra incapacidad para administrar nuestros talentos, él lo da a otro y el otro lo hará. Pero no nos excluye de nuestro castigo. No solo nos quita el talento, sino que no añade bendiciones.

6. Si esto no lo enseñamos correctamente y educamos a los miembros de las congregaciones de acuerdo a la voluntad de Dios manifestada en esta parábola, estamos haciendo un gran daño a los miembros de las iglesias, pues por nuestra negativa a educarlos como corresponde en la administración de los talentos, los estamos perjudicando.

¿Estarán exento de castigo los pastores o los líderes que procedan de esta manera? Pienso que no. La palabra de Dios es muy clara en ese sentido.

Si aun no lo hemos hecho, debemos descubrir nuestros talentos. A la luz de la palabra de Dios debemos encontrarlos, y pedirle al Espíritu Santo que nos guíe a ponerlos en práctica. Cuando estos talentos son utilizados para el servicio al Señor, tenemos la posibilidad de que él los aumente en forma que puede sorprendernos.

Es muy importante aprender a administrar los talentos, pues ellos son medios que Dios nos dio y que puede aumentar en nosotros para que podamos servir mejor a su obra. Cuando solo los queremos aprovechar para nuestro propio beneficio, corremos el riesgo de que nos sean disminuidos.

Dones

Esta palabra la utilizamos para señalar aquello que Dios agrega a nuestra vida cuando nosotros decidimos servirle, ya sea en llamamientos especiales o en la simple función como creyentes. Dios ve las posibilidades que su obra tiene de contar con nuestra colaboración y entonces si lo considera conveniente agrega nuevos dones y los multiplica, así como multiplica nuestros talentos. No se trata de que nos va a privar de los talentos que poseemos, sino que aparte de ello, agrega nuevos dones para que le seamos más útiles en la vida.

Los predicadores, los maestros de la escuela bíblica, todos los que enseñamos la Palabra, tenemos la experiencia de haber notado que aun cuando nos hemos preparado adecuadamente en el hogar y hemos preparado un buen bosquejo, siempre, en la predicación o en la enseñanza, en el momento en que ejercemos esa función, aparecen en nuestra mente conceptos que antes no habíamos tenido en cuenta. Allí también Dios por medio de su Espíritu Santo nos está auxiliando en el uso de nuestros dones.

Esto aumenta enormemente nuestra capacidad para administrar la vida, ya que contamos con valores que anteriormente no los teníamos y comprueba aquello de que Dios añade y multiplica cuando ve en nosotros actitudes que sean positivas para su obra.

La experiencia de cada pastor, líder y creyente a través de la historia de la iglesia es un testimonio del cumplimiento de esto que hemos señalado. Nuestra vida es también una evidencia de ello de manera que podemos hablar con autoridad.

Por eso que señalamos y lo volvemos a mencionar, cuando como líderes de la iglesia no orientamos a los miembros de ella para que pongan sus talentos y dones al servicio del Señor, les estamos haciendo un daño, pues les privamos de las bendiciones que Dios puede enviarles. Cuando los creyentes aprenden a vivir sirviendo al Señor descubren la verdad de lo expresado por el maestro: «*...Yo he venido para que tengan vida, y la tengan en abundancia» (Jn 10:10b).*

Muchas veces oímos decir a creyentes de varios años: «que lindo el primer amor», como refiriéndose a los primeros tiempos de la conversión. Todos recuerdan la grata experiencia del cambio, pero luego parece como que el fervor disminuye y añoran aquél tiempo. Hay algo de cierto en esta nostalgia, pues el cambio de vida cuando nacemos como creyentes es muy impactante. Sin embargo, debemos reconocer que muchas veces esa nostalgia crece debido a que no nos desarrollamos como creyentes. Muchos se quedan con el primer impacto y al no actuar en la obra participando con sus dones y talentos, pierden la frescura que siente el creyente fiel y activo.

Si, es cierto que el nuevo nacimiento fue hermoso, pero también es grato cada día en el que renovamos nuestros esfuerzos para colaborar cada vez más en los asuntos que atañen a la obra de la iglesia. Ese renovar de los dones hace que tengamos menos nostalgia y estemos siempre pensando en el día de mañana para ver qué nuevas experiencias nos brinda el trabajo en la viña del Señor. Cada día un glorioso amanecer.

Conocimientos

Todo aquello que hemos añadido a nuestra vida a través del estudio y la experiencia debe ser administrado con sabiduría divina. La obra del Señor se ha visto ayudada cuando su pueblo redimido vuelca en las tareas de la iglesia los conocimientos adquiridos. Cuando solo nos quedamos con los conocimientos para nuestro propio beneficio, no tendremos recompensa del Señor. Pero cuando esos conocimientos son puestos al servicio de su santa causa, tenemos el privilegio, no solo de servir mejor al Señor, sino de comprobar que aun así nuestros conocimientos aumentan con su gracia.

En ese sentido en Hispano América debemos destacar que las personas que se han convertido al evangelio, con la nueva visión de la vida que ello les presenta, han comenzado a desarrollar sus vidas, estudiando y capacitándose para ser mejores ciudadanos dentro del mundo. Esto ha traído a través de los tiempos un mejoramiento de la condición social y económica de muchos de los miembros de nuestras congregaciones, lo que unido a una nueva vida espiritual les permite ser más eficientes en las tareas de la iglesia.

Esto también hace que sus dones y talentos se vean mejorados y que junto con sus conocimientos estén más capacitados para servir al Señor. Debemos lograr que estas mejoras sean utilizadas también en favor de la obra del Señor, de otra manera pueden quedar solo para un mejor provecho del individuo.

Gracias a Dios la gran mayoría de los creyentes han podido contribuir a elevar enormemente el nivel cultural, social y económico de nuestras iglesias y eso se ha notado con claridad en los últimos tiempos. Sin embargo, debemos ser francos y reconocer que no siempre la iglesia se vio favorecida por ese crecimiento de sus miembros. No todos comprendieron que gracias a la nueva visión que les dio el evangelio han podido ocupar mejores posiciones sociales y culturales. Siguen siendo deudores a Dios.

Capacidades

Esta palabra tiene muchas acepciones. La utilizamos aquí para señalar una de sus características mencionadas en el diccionario de la lengua castellana como: aptitud o suficiencia. Queremos referirnos a aquello que somos capaces de lograr haciendo uso de nuestra fuerza física o la fuerza del trabajo. No todo lo que se requiere dentro de la obra del Señor, ni lo que necesitamos para una más correcta administración de la vida se basa exclusivamente en los conocimientos (inteligencia), también es necesario contar con capacidades físicas y fuerza laboral para desempeñar muchas tareas que requieren ese grado de preparación o aptitud.

Algunos de nosotros en estos casos participamos haciendo tareas que no son nuestra especialización, pero que por aptitudes podemos hacerlas en expresión de nuestra voluntad de servir. Pero debemos destacar que dentro de nuestra iglesia hay muchos hermanos que se han especializado en oficios o profesiones que tienen que ver con estas tareas y eso permite que ellos puedan a través de su participación aportar enormes ayudas a la iglesia. En muchos casos su participación en ese sentido es similar a los dones y talentos.

Siempre en la iglesia hay tareas manuales que realizar, ya sea por el arreglo de los templos, edificación, electricidad, gas, limpieza, pinturas, etc. Todo esto hace al todo de la vida y debemos también aprender a administrarlo con sabiduría y buena voluntad. Unos serán más capaces que otros, pero todos harán lo mejor que pueden para servir al Señor.

Todos recordamos el ejemplo bíblico que hay en ese sentido. Cuando Dios necesitó hombres especializados para la edificación del tabernáculo, dio dones específicos a determinadas personas para realizar la labor:

«Hablo Jehová a Moisés diciendo: Mira, yo he llamado por nombre a Bezaleel hijo de Uri, hijo de Hur, de la tribu de Judá; y lo he llenado del Espíritu de Dios, en sabiduría y en inteligencia, en ciencia y en todo arte, para inventar diseños, para trabajar en oro, en plata y en bronce, y en artificio de piedras para engastarlas, y en artificio de madera: para trabajar en toda labor. Y he aquí que yo he puesto con él a Aholiad hijo de Ahisamac, de la tribu de Dan; y he puesto sabiduría en el ánimo de

todo sabio de corazón, para que hagan todo lo que te he mandado...» (Éx 31:1-6).

Como hemos visto hasta ahora, todo requiere administración, y por lo tanto debemos aprender a ser buenos administradores. De todo esto Dios reclama su parte y en la proporción como estemos dispuestos a dársela, será su respuesta en bendiciones.

Por lo tanto una gran responsabilidad de la iglesia lograr que el gigante dormido sea despertado, y con todos los dones, talentos, capacidades y conocimientos de que dispone la obra del Señor, avancemos a pasos agigantados, alcanzando cada día más almas para el Señor. La iglesia debe realizar planes para movilizar y utilizar todos estos dones. No solo debe despertarlos sino también crear ministerios para que todos estén ocupados.

Recuerdo una oportunidad en que estaba dando un curso de mayordomía en una iglesia. El pastor vivía lejos del templo y antes de cada reunión el pastor debía llegar 30 minutos antes de la hora del culto para limpiar los bancos y el piso. Viéndolo correr de un lado para otro, le dije, pastor, ¿es posible que no tenga usted a nadie en la iglesia para hacer este trabajo? ¿Cómo es posible que usted tenga que venir de lejos, con anticipación, para realizar una labor que no corresponde a su ministerio pastoral? Estoy de acuerdo a que la realice usted si no hay nadie que lo pueda hacer, pero yo dudo que entre tantos miembros no haya alguien con posibilidades de hacerlo. El pastor pensó un momento y luego me dijo que había una señora que vivía cerca del templo que tal vez quisiera hacerlo.

Cuando llegó la mujer al templo, el pastor le ofreció la tarea de limpieza. Ustedes no lo van a creer, pero esa mujer cambió su rostro, le invadió una alegría tan grande que le preguntaba al pastor si era cierto que él le pedía que hiciera esa tarea. ¡Tremendamente emocionada le dijo que sí! ¡Que para ella sería un verdadero privilegio! ¿Se dan cuenta? A veces no tenemos respuesta para ciertas cosas porque no desafiamos a nuestros hermanos. Salvo excepciones, ellos siempre estarán dispuestos a colaborar.

Conclusión

1. Debemos utilizar los dones espirituales en la iglesia.

2. Debemos controlar el tiempo.

3. Debemos usar los talentos para la obra del Señor

4. Debemos desear más dones para ponerlos al servicio del Señor.

5. Nuestros conocimientos deben estar también para servir mejor en la iglesia.

6. Nuestras capacidades deben estar disponibles para suplir necesidades en la obra.

7. Debemos despertar al gigante dormido.

8. Los líderes y luego los miembros deben ser capacitados en la utilización de los dones espirituales.

9. La iglesia debe hacer planes para aprovechar todos los dones, talentos, tiempo, conocimientos y capacidades de sus miembros.

10. Los pastores tienen una gran responsabilidad frente a este desafío.

---

[1] Gerardo Kopf, «La administración en los ministerios de Dios.

[2] Myron Rush, *Administración, un enfoque bíblico*, Editorial Unilit, Miami.

[3] Ibid.

Capítulo 6 – El plan de Dios requiere de una correcta administración de los recursos económicos del creyente

«Por tanto, como en todo abundáis, en fe, en palabra, en ciencia, en toda solicitud, y en vuestro amor para con nosotros, abundad también en esta gracia». (2 Co 8:7)

«Para que estéis enriquecidos en todo para toda liberalidad, la cual produce por medio de nosotros acción de gracias a Dios». (2 Co 9:11)

Meta

El creyente comprenderá la importancia del buen uso de los recursos financieros para realizar el programa de la iglesia.

Objetivos

1. El alumno podrá comprender y explicar la responsabilidad del creyente en proveer recursos financieros para la iglesia y el deber correspondiente de la misma en administrar bien dichos recursos, así como desafiar al creyente a que haga lo mismo.

2. El estudiante sentirá, tanto agradecimiento hacia el Señor por lo que ha recibido, como también el privilegio de poder ofrendar y así contribuir a la obra del Señor en el mundo.

3. El estudiante evaluará su uso presente de provisiones materiales para la obra del Señor y «soñará» con lo que se podría hacer con más recursos.

Así como duerme el pueblo de Dios con sus dones espirituales también una buena parte de él duerme en relación a las finanzas. Hay un potencial inactivo que serviría para llevar adelante la obra del Señor en forma notable, pero está dormido. La iglesia debe despertarlo.

Aquí hay una situación muy seria pues Dios ha anunciado castigos para quienes no sean fieles administradores de los bienes que él les ha dado.

«Y dijo el Señor: ¿Quién es el mayordomo fiel y prudente al cual su señor pondrá sobre su casa, para que a tiempo les dé su ración? Bienaventurado aquel siervo al cual, cuando su señor venga, le halle haciendo así. En verdad os digo que le pondrá sobre todos sus bienes. Mas si aquel siervo dijere en su corazón: Mi señor tarda en venir; y comenzaré a golpear a los criados y a las criadas, y a comer y beber y embriagarse, vendrá el señor de aquel siervo en día que éste no espera, y a la hora que no sabe, y le castigará duramente, y le pondrá con los infieles». (Lc 12:42-46).

Algunas congregaciones en cierta manera tienen también su culpa pues están prontos a reclamar de los miembros sus valores espirituales, pero son reacios a reclamar los valores materiales. Se niegan a tratar el tema de los bienes. Otras obran a la inversa. Jesús nos dio el ejemplo. El habló de manera significativa del dinero y de las posesiones:

«De 38 parábolas pronunciadas por Jesús, 16 se refieren a la forma de manejar el dinero y las propiedades. Jesús dijo más sobre el dinero que sobre el cielo y el infierno juntos. Uno de cada diez versículos de los evangelios (288 en total) tratan del dinero. La Biblia ofrece 500 versículos sobre la oración, menos de 500 sobre la fe y más de 2.000 sobre el dinero y el patrimonio en general».[1]

Debemos recordar que el dinero ofrendado no representa solo el aspecto económico de la vida del creyente; ese dinero es parte de la vida misma del creyente, ya que para obtenerlo fue necesario trabajar horas, usando su intelecto, su tiempo, sus dones, su capacidad, sus conocimientos, etc.

Cuando ese dinero —parte de la vida— es ofrendado al Señor, no solo uno cumple ante Dios como fiel mayordomo, sino que también ofrenda parte de su vida. Ese dinero luego se transforma por obra y gracia de la sabiduría divina en un verdadero ministerio, pues con él se realiza la planificación del sostén de la obra del Señor. Allí la iglesia tiene la gran responsabilidad de una administración seria y ordenada.

Nunca debemos enorgullecernos cuando realizamos ofrendas o contribuciones importantes a la obra del Señor. La Palabra de Dios es bien clara en ese sentido, ya que no estamos dando nada de lo nuestro sino de lo recibido de parte de Dios.

En un momento importantísimo de la vida del rey David; cuando él y su pueblo ofrendan voluntariamente grandes cantidades de bienes para la construcción del templo para Jehová, David expresa en una sentida oración, palabras que no debemos olvidar nunca: *«...Porque, ¿quién soy yo, y quién es mi pueblo, para que pudiésemos ofrecer voluntariamente cosas semejantes? Pues todo es tuyo, y de lo recibido de tu mano te damos...»* (1 Cr 29:14).

Si se tratara solamente de dinero de los hombres, la preocupación para una adecuada administración de los recursos económicos no sería tan problemática; pero ocurre que el dinero que ingresa a la iglesia por diezmos, ofrendas, primicias, contribuciones, etc. no es dinero de los hombres, sino de Dios. Ha sido dado por Él para que nosotros lo traslademos a la iglesia, en donde se convierte por obra y gracia del poder de Dios en parte del ministerio de la iglesia. En otras palabras un dinero «sagrado» y como tal debe administrarse con sabiduría de lo Alto.

Es por ello que necesitamos tener muy en cuenta la cita bíblica de 2 Corintios 8.20-21, donde se señala que la administración del dinero del Señor debe hacerse con total transparencia:«...*Evitando que nadie nos censure en cuanto a esta ofrenda abundante que administramos, procurando hacer las cosas honradamente, no solo delante del Señor sino también delante de los hombres...»*

Uno de los principios fundamentales a tener en cuenta y que nos alertan a administrar con transparencia, es que el dinero que ingresa a la iglesia, es dado con amor y sacrificio por creyentes fieles que reconocen al Señor como el dueño de sus vidas.

Es dinero entregado por quienes han comprendido que ellos no son más que mayordomos fieles, instrumentos en las manos de Dios, para que llegue a la iglesia el dinero que Dios envía para su obra. Reconocen que ha sido dado por Él para que llegue a la iglesia, en cumplimiento de su mayordomía. Allí se convierte por obra y gracia del poder de Dios en un elemento indispensable para que la iglesia pueda cumplir el ministerio que Él le ha encomendado. Se transforma por lo tanto en dinero sagrado y como tal debe administrarse con sabiduría de lo alto, con total transparencia, temor y temblor. Para ello la iglesia debe tener en cuenta estos pasos:

1. Arbitrar los medios para que sea entregado a la iglesia dentro de un espíritu de «ofrenda» y no de «demanda».

2. Emplearlo para la realización de actividades que tiendan a extender el reino de Dios, demandando para ello sabiduría divina, evitando actitudes que puedan crear dudas o conflictos.

3. Administrarlo adecuadamente, con corrección, evitando malas interpretaciones. Cuentas claras, bien transparentes, sabiendo que no estamos engañando solamente a los hombres, sino lo que es más grave a Dios mismo.

La iglesia debe arbitrar los medios para que el dinero sea entregado por la congregación dentro de un espíritu de «ofrenda» y no de «demanda»

En toda la Biblia, tanto en el Antiguo Testamento, como en el Nuevo Testamento, la ofrenda ocupó un lugar muy importante del culto de adoración. En el pueblo de Israel, primero que todo era la ofrenda de sacrificio; no había servicio si no había ofrenda. Ésta era independiente de los diezmos, y primicias. Para cada acto había una ofrenda. Cuando Jesús fue presentado en el templo para ser circuncidado, sus padres llevaron dos palominos. Lucas 2:22-24 En el Nuevo Testamento, Pablo presenta la ofrenda, en los capítulos 8 y 9 de 2 Corintios, como un ministerio de acción de gracias, e insiste en repetidas oportunidades en la maravillosa gracia de dar.

En los cultos debemos crear un ambiente propicio para la entrega de los dineros que el Señor envía por nuestro intermedio para su iglesia. Es un momento solemne, de adoración profunda, cuando damos la oportunidad a los hermanos congregados para que den sus diezmos y ofrendas. Ellos vienen con profundo sentido de su responsabilidad, reconociendo a Dios como el dador de toda dádiva, a entregar con alegría los recursos que harán posible que la obra del Señor pueda continuar. Debe crearse un ambiente espiritual en esos momentos. Es una de las partes más importante y emocionante del culto de adoración. Debemos organizarnos para hacer de ese momento, una parte solemne del culto.

Contrasta esta forma de pensar con aquellas prácticas que vemos en algunas iglesias, donde la ofrenda es un apéndice del culto y a veces se recoge como última actividad de la reunión, sin preparación, dando el triste espectáculo de que parece más una recolección de limosnas que una entrega personal del creyente a Dios.

También debemos enseñar correctamente lo que la Biblia dice sobre los diezmos y ofrendas. Hemos notado en las congregaciones, una falta total de enseñanza de la mayordomía cristiana y, a los creyentes, faltos de conocimientos de lo que en verdad es su participación como mayordomos de Dios. A veces la apelación se convierte más en una «demanda» que en un sentido de lo que en verdad es ser fiel mayordomo.

«Dios ama al dador alegre...» 2 Corintios 9:7c, pero no siempre vemos a los creyentes dar con alegría. La razón no es mala voluntad, sino falta de conocimiento de lo que la Biblia enseña. A veces los pastores y líderes de las iglesias tienen su parte de responsabilidad en esta actitud del creyente, al no predicar y enseñar con frecuencia el verdadero significado de la mayordomía total.

Es bueno tener en cuenta que: «El sentimiento de entrega de los miembros de la iglesia en el momento de ofrendar nunca podrá superar la creencia y práctica de los líderes de la iglesia en cuanto a mayordomía...»[2] Esto muestra la necesidad de una importante enseñanza de la mayordomía que alcance primero a los líderes y llegue luego con fuerza a los miembros de la iglesia. «...El ministro que pastorea una iglesia en la sociedad contemporánea está llamado a ser un exponente y un ejemplo de la mayordomía cristiana. No importa cuán efectivo sea él como predicador y pastor, lo cierto es que fracasará ante el más importante desafío de su vocación si no logra inculcar en su pueblo la noción de la mayordomía. En otras palabras, una parte principal de su tarea consiste en lograr que el reconocimiento que sus fieles sienten por Dios como Creador y Redentor de la totalidad de la vida, se manifieste en un santo cuidado por una sana administración de todo lo que Dios concede a los hombres...»[3]

Notamos aquí la imperiosa necesidad de que tanto pastores como líderes presten más atención a la enseñanza y la predicación de esta doctrina, a veces tan olvidada como ignorada.

Emplear el dinero para la realización de actividades que tiendan a extender el reino de Dios, demandando para ello sabiduría divina, evitando actitudes que puedan crear dudas o conflictos

Para ello las congregaciones deberán preparar presupuestos adecuados, bien estudiados, con la participación de los departamentos de la iglesia y de las respectivas comisiones que participan del programa de trabajo.

He tenido el privilegio de ayudar a muchas iglesias a ordenar sus controles financieros. Este es uno de los puntos en lo que más insisto cuando doy conferencias o cursos sobre mayordomía. En todas las congregaciones donde hemos aclarado este asunto y hemos presentado a las iglesias presupuestos claros y ordenamiento transparente de las finanzas, hemos tenido una grata sorpresa por parte de la membresía. A veces hasta nos hemos sorprendido de la respuesta. Hubo congregaciones que duplicaron su presupuesto, simplemente por hacer bien las cosas. Esto nos habla claramente de la necesidad de ordenar las finanzas de nuestras iglesias. Una inadecuada administración no solo se basa en el mal manejo de los fondos, sino también en la realización de actividades totalmente ajenas al deber de la iglesia. Presupuestos que no corresponden a la tarea específica de la iglesia. Olvidos de planes que tiendan al cumplimiento de la Gran Comisión. Falta de desafíos para la obra misionera de la iglesia, distorsionan el ministerio de la iglesia y equivale a una administración fallida.

Cuando el creyente ve con claridad que las finanzas se manejan con sabiduría y transparencia y tiene conformidad con el programa de la iglesia, aumentan sus deseos de contribuir y el momento de la entrega de los recursos adquiere más importancia para él.

También nos hemos encontrado con congregaciones que contrariando el mensaje bíblico, hacen más énfasis en lo que el creyente debe dar a la iglesia para alcanzar bendiciones materiales, que en lo que tiene que hacer para recibir bendiciones espirituales. No es una y otra cosa, sino ambas. La prosperidad es una de las bendiciones del evangelio de Jesucristo, pero viene como consecuencia de un cambio de vida cuando obra el Espíritu Santo de Dios a través de una genuina conversión. Nuestro cambio de actitud frente a los vicios y las demandas del «mundo» permiten que nuestra prosperidad comience a realizarse. Es un proceso, no una obra milagrosa espontánea.

Esto lo aprendieron nuestros mayores cuando conocieron el evangelio de Jesucristo y lo aprendimos nosotros al heredar esa fe. Lo que éramos cuando conocimos al Señor y lo que somos ahora, en todos los órdenes, espiritual, material, conocimiento, capacidad, vida ordenada, respeto por el prójimo, amor a las almas, etc., etc., es prosperidad producida por obra y gracia del Señor. Es lo que nos muestra el evangelio del Nuevo Testamento.

Querer «vender» un evangelio milagroso en las finanzas por el simple hecho de que Dios me prospera materialmente, es como poner el carro delante del caballo. La gente acudirá por interés material y no buscando un cambio espiritual que le produzca un bienestar material. En esos casos la «ofrenda» deja de tener sentido espiritual.

Administrarlo adecuadamente, con corrección, evitando malas interpretaciones. Cuentas claras bien transparentes, sabiendo que no estamos engañando solamente a los hombres, sino lo que es más grave a Dios mismo

Debemos cuidarnos de no caer en el error que tuvieron muchos, dando énfasis solamente a lo «espiritual», de modo que si se habla de dinero en la iglesia es «pecado». Dios demanda de nosotros una correcta administración de nuestra vida, dones, talentos, tiempo, conocimientos, capacidades y bienes. No hay exclusión. Dios demanda todo lo que nosotros somos, sabemos y tenemos. Hacia la demanda de esa entrega sincera del creyente debemos desarrollar nuestra enseñanza en la iglesia, para que ésta pueda contar con «todo» lo necesario para cumplir su ministerio.

«El propósito de la iglesia, tal y como lo entienden los miembros, también determinará en gran parte la respuesta al desafío de la mayordomía.... Es correcto identificar y comprender este propósito. Si los miembros pierden de vista el propósito de su iglesia, pronto se verá la declinación en todas las esferas de ella. Es especialmente importante hoy día que haya un avivamiento de la comprensión del apasionante papel de la iglesia en el mundo de hoy. El programa de la iglesia en el campo de la mayordomía es una extensión de este propósito. La respuesta de los miembros al desafío de la mayordomía dependerá de cómo se comprendan y administren estos conceptos».[4]

«La mayordomía conjunta se refiere a la mayordomía de la congregación. De hecho, ¡las iglesias también son responsables de su mayordomía! La mayordomía conjunta comprende cómo la iglesia planea y administra sus recursos materiales. Las mismas responsabilidades que recaen en el individuo también recaen en el grupo, puesto que la mayordomía conjunta es una extensión de la mayordomía del individuo».[5]

Nos encontramos también con otro factor que distorsiona la correcta responsabilidad en la administración. Algunos pastores de congregaciones, interpretando erróneamente algunos pasajes de las Escrituras, retienen para sí los diezmos, y determinan que sean para la iglesia las ofrendas. Esto ha traído enormes problemas que han trascendido a la iglesia, instalándose en la sociedad comentarios perjudiciales para el evangelio de Jesucristo al ver a ciertos pastores lograr enriquecimiento a través de este proceder. No es que estemos en contra de que el pastor logre una adecuada estabilidad económica, sino que objetamos el procedimiento.

¿Dónde queda el sentido de responsabilidad que el apóstol Pablo nos adjudica a los creyentes?

«...para que seáis irreprensibles y sencillos, hijos de Dios sin mancha en medio de una generación maligna y perversa, en medio de la cual resplandezcáis como luminares en el mundo...» (Fil 2:15)

O esta otra expresión del mismo apóstol:

«...Quiero, pues, que los hombres oren en todo lugar, levantando manos santas, sin ira ni contienda» (1 Ti 2:8).

Y el pasaje de Hebreos 12:28-29:

«...Así que, recibiendo nosotros un reino inconmovible, tengamos gratitud, y mediante ella sirvamos a Dios agradándole con temor y reverencia: Porque nuestro Dios es fuego consumidor...»

Sobre ellos puede caer el castigo que señala Pablo a Timoteo, (1 Ti 6:9-10) :

«...Porque los que quieren enriquecerse caen en tentación y lazo, y en muchas codicias necias y dañosas, que hunden a los hombres en destrucción y perdición; porque raíz de todos los males es el amor al dinero, el cual codiciando algunos, se extraviaron de la fe, y fueron traspasados de muchos dolores...»

Necesitamos hacer realidad lo que Pedro dice en su carta (1 Pe 1:15):

«...sino como aquél que os llamó es santo, sed también vosotros santos en toda vuestra manera de vivir...»

En los comienzos de mi ministerio como promotor de mayordomía me encontré con un desafío que me llevó a postrarme delante del Señor y pedir su ayuda y sabiduría. Nunca pensé en mis primeros años de promotor que tendría que verme con problemas que a veces parecían insalvables. La experiencia me demostraría luego que ese no era «un» caso especial, sino que habría «muchos» casos especiales.

Una iglesia del interior de mi país había requerido mis servicios para una campaña de mayordomía. Gustosamente había aceptado y me preparaba para tener con ellos reuniones desde el jueves a domingo. Comenté esta invitación con mis amigos y me llevé la sorpresa de que todos se compadecían de mi. «¡Donde vas a ir!» «¡Esa iglesia es terrible, nadie ha podido modificar su criterio!» «Vas a fracasar como tantos otros» etc., etc. Nadie me dijo algo bueno de esa congregación en cuanto a las finanzas.

Se podrán imaginar mi situación.... ¿Qué podría hacer un joven en esas circunstancias...? Sin embargo, lejos de amilanarme, me puse a dialogar con Dios. Recuerdo que tenía un largo viaje en ómnibus hasta la ciudad de donde me habían invitado, unas 18 horas de viaje. En todo ese recorrido dialogué con el Señor, en forma sincera, franca y llena de esperanza. Yo no quería presentar un plan a la iglesia que pudieran llamarlo como «mi plan», sino que yo quería ser fiel en transmitir el «plan del Señor» expuesto en las Sagradas Escrituras. Entre muchas otras cosas le prometí al Señor que si en su nombre lograríamos éxito en esta iglesia «especial» yo entendería que él me estaba diciendo que estaba dispuesto a darme dones especiales para enseñar mayordomía y que yo dedicaría mucho más tiempo a este ministerio del que le había dedicado hasta ahora. Era un pacto.

Llegué a la ciudad. En la estación de ómnibus me estaba esperando el pastor. Lo vi con un rostro que demostraba que algo no andaba bien. Le pregunté, luego del saludo de práctica:

—¿Que pasa pastor que lo noto preocupado?

—¡Cómo no voy a estarlo! Si anoche tuvimos reunión de la comisión de finanzas y el propio tesorero me dijo que él no daría un peso más, por más «predicadores» que traigan. Si él como tesorero dice eso, qué no van decir los demás.

—Pastor, no se haga ningún problema. Hemos planeado estas reuniones en el nombre del Señor y él va obrar. Vayamos a su casa y analicemos la situación económica de la iglesia y dejemos todo en las manos del Señor.

Así lo hicimos. Esa misma noche comenzaban las reuniones. Como estrategia pedí que me enviaran a almorzar y cenar en casa de los hermanos que el pastor consideraba más conflictivos. Ello me permitió en las conversaciones expresar el pensamiento de la Palabra de Dios y mostrar a los hermanos el hermoso panorama que era confiar en el Señor y no en nuestras propias posibilidades.

La iglesia tenía un presupuesto de US$3.500 mensuales y el desafío era llegar a US$4.500 mensuales. Se desarrollaron las reuniones con buena asistencia y mucha atención. El domingo por la noche se recibirían las tarjetas de promesas basadas no en simples cálculos humanos, sino pensando en la participación del Señor en nuestros deseos de colaborar no solo económicamente sino en todos los aspectos de la obra, entregando nuestros dones, talentos, tiempos, capacidades, conocimientos y bienes.

El domingo por la mañana, durante la hora del culto, pedí sabiduría del Señor para poder presentar el desafío que esta oportunidad representaba para la iglesia. Dios me ayudó, me sentí ayudado por el Espíritu Santo, y la iglesia recibió un favorable impacto. ¡Dios habló a través de mí y el pueblo de Dios lo oyó!

Por la noche, apenas terminada la última reunión, yo debía regresar a Buenos Aires para atender mis responsabilidades en el trabajo, de manera que no podía quedarme para el recuento de las promesas recibidas. El horario de salida del ómnibus no me dejaba mucho tiempo. Pero al saludar a los hermanos antes de irme tuve una gran satisfacción. Durante mi mensaje de despedida yo había dicho a los hermanos de esa iglesia que debían hacer «polvo» al presupuesto, expresión argentina que quiere decir superar ampliamente el desafío. En la puerta, el tesorero, tan reacio a modificar su forma de pensar antes de las reuniones, se despidió de mi diciendo: «Vaya tranquilo Aldo, al presupuesto ya lo hicimos polvo».

Efectivamente al día siguiente el pastor me llamó a mis oficinas y me dio la grata noticia de que las promesas llegaban a US$5.500 mensuales. Más allá del desafío que habíamos presentado. Tenían un concepto equivocado, y fue totalmente transformado, simplemente por la correcta explicación de la voluntad de Dios expresada en su Santa Palabra. Una iglesia que comenzaba a aprender a administrar sus bienes con sabiduría de lo Alto, confiando en Dios.

«...Y el que da semilla al que siembra, y pan al que come, proveerá y multiplicará vuestra sementera, y aumentará los frutos de vuestra justicia, para que estéis enriquecidos en todo para toda liberalidad, la cual produce por medio de nosotros acción de gracias a Dios...» 2 Corintios 9:10-11. ¡El que gobierna la naturaleza quiere gobernar también tu vida!

«...Y a Aquel que es poderoso para hacer las cosas mucho más abundantemente de lo que pedimos o entendemos, según el poder que actúa en nosotros, a él sea gloria en la iglesia de Cristo Jesús por todas las edades, por los siglos de los siglos. Amén». Efesios 3:20-21. Dios puede más de lo que nosotros podemos soñar o desear. Pero para alcanzarlo se necesita una fe positiva y activa.

La correcta administración requiere una tarea transparente y una adecuada información

«...Ahora bien, se requiere de los administradores, que cada uno sea hallado fiel...» (1 Cor 4:2)

Si deseamos una respuesta positiva de los miembros de las iglesias, debemos darles la seguridad de que los dineros que ingresan a la iglesia son administrados con transparencia. Algunas congregaciones pequeñas por no contar con personal adecuado a veces llevan los controles en forma muy superficial. Otras, por su gran movimiento económico «esconden» los informes y los miembros casi nunca tienen posibilidad de saber qué ocurre con ellos.

Será de gran ayuda que todos los meses los creyentes reciban informes correctos que digan del destino de los fondos y cómo se van cumpliendo los distintos programas de la iglesia. Esto puede realizarse en forma sencilla colocando planillas informativas en alguna dependencia de la iglesia. Otra manera es enviar periódicamente información a los miembros dando cuenta de la situación económica y cómo marcha el programa. El creyente verá así la transparencia de la administración y se sentirá motivado a ser generoso en su cooperación a la iglesia.

Todo lo que se haga de espaldas a la membresía, podrá ser conveniente para alguien en particular, pero escapa totalmente a la verdad bíblica y contribuye a que muchos pongan en duda la veracidad de la administración económica de la iglesia. Dudo que Dios se complazca de este proceder.

En la correcta administración debemos respetar el orden establecido por Dios.

«...Cuídate de no olvidarte de Jehová tu Dios, para cumplir sus mandamientos, sus decretos y estatutos...» (Dt 8:11)

Si Dios ha determinado que sea la iglesia la responsable de transmitir el mensaje de redención al mundo perdido (Ef 3:10-11) y esa iglesia tiene por cabeza a Jesucristo (Ef 1:22-23 — 4:11-16), ¿Cómo podemos pensar que la administración económica de la iglesia que permite su crecimiento y desarrollo va estar ausente de la dirección de quien es la cabeza?

¿Cómo podemos creer que tenemos autoridad para manejar los fondos a nuestro capricho, sin respetar a la cabeza y al cuerpo de Cristo? ¿En qué lugar de la Palabra de Dios encuentran argumentos para obrar por su cuenta manejando los fondos sin la claridad que corresponde?

Si buscamos en el Antiguo Testamento nos encontramos con el contenido de Levítico 27:30b y 31:«*...el diezmo es cosa consagrada a Jehová. Y si alguno quisiere rescatar algo del diezmo, añadirá la quinta parte de su precio por ello...»* y cuando Jehová ordena el servicio para el culto en el tabernáculo, determina todo un proceso de orden y justicia para que el manejo del diezmo no sea arbitrario, sino que esté comprendido dentro de un sentido espiritual.

Once de las doce tribus reciben tierra y oportunidad de trabajar para obtener frutos de la tierra por su propio esfuerzo. Una tribu, la de los Levitas, es apartada para atender el sacerdocio y las ceremonias establecidas por mandamiento de Jehová, incluido el cuidado del lugar. No tenían derecho a obtener frutos de la tierra por su cuenta. Entonces Jehová dispone un proceso lleno de sabiduría.

Las once tribus tendrían oportunidad de desarrollar sus facultades para obtener de la tierra los mayores frutos. Dios les promete bendiciones especiales si le son fieles en la disposición de llevar a la casa de Dios el diezmo de lo que la tierra les produjera. (Leer con detenimiento el capítulo 8 de Deuteronomio, y el relato de Nehemías 10:37-38, este último cuando el pueblo que vuelve del cautiverio re descubre la ley).

Allí encontramos un procedimiento verdaderamente inobjetable:

1. El Jefe de la familia, con la presencia de los integrantes de su hogar y ante el sacerdote de turno debía traer el diezmo de las bendiciones que Dios había otorgado a sus tierras. En este primer paso hay un acto que Dios quería que se cumpliera para que no se olvidaran de que Dios había sido el proveedor «aquí en tu presencia traemos la décima parte de lo que tú nos has dado. No fue nuestra capacidad, ni nuestra inteligencia, sino tu misericordia». Aquí tenemos el primer propósito de Jehová para con el diezmo, reconocimiento público de que Dios era el proveedor, lo cual aprendía a reconocer toda su familia. «...*tus hijos y los hijos de tus hijos...*» (Dt 6:2).

2. El sacerdote tomaba esos diezmos y los entregaba a los Levitas. Aquí hay otra enseñanza positiva. Dios era el proveedor del sustento para la tribu que había sido apartada para el real sacerdocio. Ellos podían estar tranquilos que aunque no tenían tierras para ganarse el sustento como las otras once tribus, Dios les protegía con el diezmo de sus hermanos. Pero las disposiciones no se detienen allí, sino que a su vez los Levitas debían volver al templo con el diezmo de lo recibido y proceder de la misma forma que lo hacía el que trabajaba las tierras: «*Señor, aquí está la décima parte de las bendiciones que hemos recibido de tu mano*». Los Levitas no estaban exentos de la ley del diezmo. Surge el segundo propósito de Dios con relación al diezmo: Proveer sustento para el pueblo escogido para atender el real sacerdocio.

3. Pero el alcance de esta ley no termina allí, sino que se proyecta hacia otros propósitos. Al determinar el diezmo sobre el diezmo, permite que «todo» su pueblo estuviera presente en la casa de Dios con el diezmo. Aparece aquí el tercer propósito de Dios al establecer la ley del diezmo: El principio de igualdad. Tanto las once tribus como la tribu de los Levitas estaban dando el diezmo de las bendiciones recibidas. No había diferencias en la presencia de Dios. Es cierto que si nosotros miramos las cantidades, era mayor la ofrenda de las once tribus que la de los Levitas. Pongamos un ejemplo práctico: Una familia cosecha cien bolsas de papas, lleva a la casa de Dios diez bolsas, el sacerdote toma esas bolsas y las entrega al Levita, el Levita diezma y regresa a la casa de Dios con una bolsa que es su diezmo. Esa bolsa queda para las necesidades de la casa de Dios. Como humanos podríamos mirar con más simpatía al hombre que trajo las diez bolsas que al Levita que trajo solo una. Pero Dios que mira desde arriba sabe que ambos han dado igual, el diezmo de las bendiciones recibidas.

Aquí tenemos además otras enseñanzas que surgen de este proceder. Si Dios no hubiera querido dejarnos alguna enseñanza, no hubiera procedido de esta forma. Simplemente hubiera dicho a las once tribus, de vuestro diezmo llevad una parte a la casa de Dios y entregad a los Levitas las nueve partes restantes. Matemáticamente es lo mismo. El diezmo del diezmo es igual a uno.

Pero si no lo hizo así, sino que estableció un proceso bien organizado es porque sin duda alguna quería enseñarnos algo muy importante. Una parte ya la mencionamos, las tres razones para establecer el diezmo:

1. Reconocimiento al Dios Todopoderoso como el Dios proveedor.

2. Reconocimiento al Dios Todopoderoso como el Dios sustentador.

3. Reconocimiento al Dios Todopoderoso como el Dios que aprecia la igualdad.

La otra enseñanza surge del razonamiento y para ello hay que volver al capítulo 8 de Deuteronomio y al capítulo 29 de Primera Crónicas. Si Dios es el que provee, y Él prometió bendiciones a quién cumpliera fielmente con esta ley. Si la historia nos muestra que cuando el pueblo fue fiel al cumplimiento de esta ordenanza Dios le prosperó en gran manera y a la vez cuando no fue fiel los castigó severamente, significa que para Dios esto es de vital importancia.

Por mi parte concluyo este razonamiento diciendo que el diezmo no es más que llevar a la casa de Dios lo que Él envía para ella. Si Él es quien lo envía, entonces el portador no es más que un simple mayordomo a quien Dios le entrega la parte que Su Casa necesita para cumplir su ministerio en la tierra.

Esto me lleva a otros razonamientos: Mi responsabilidad entonces es la de ser un fiel mayordomo y el diezmo no es ofrenda, es simplemente llevar a la casa de Dios lo que Él envía para ella. Ofrenda es lo que doy de las 90 partes que quedan en mi poder para mis necesidades.

Queda, sin embargo, otro punto que aclarar para que la iglesia tenga transparencia en su administración. Si el diezmo es consagrado a Jehová y Él le dio un marco de importancia como ya hemos visto, nadie, sino la iglesia creada por Dios y cuya cabeza es Cristo, puede administrarlo. Inclusive el creyente no puede disponer de él arbitrariamente. Debe entregarlo a la iglesia porque es dinero del Señor para su obra. Él lo envía por nuestro intermedio.

Cuando no obramos así estamos fuera de la voluntad de Dios. Le estamos «robando» el dinero a quien en realidad confía en nosotros para que seamos buenos mayordomos, y es cuando las bendiciones no vienen.

«¿Robará el hombre a Dios? Pues vosotros me habéis robado. Y dijisteis ¿En qué te hemos robado? En vuestros diezmos y ofrendas. Malditos sois con maldición, porque vosotros, la nación toda, me habéis robado. Traed los diezmos al alfolí y haya alimento en mi casa; y probadme ahora en esto, dice Jehová de los ejércitos, si no os abriré las ventanas de los cielos, y derramaré sobre vosotros bendición hasta que sobreabunde» (Mal 3:8-10).

La correcta administración requiere de parte del pastor y de los líderes la comprensión de estos principios.

«...Cada uno según el don que ha recibido, minístrelo a los otros, como buenos administradores de la multiforme gracia de Dios...» (1 P 4:11).

En la mayoría de los casos la enseñanza de la mayordomía y los adecuados sistemas administrativos están supeditados al comportamiento de los ingresos. «Hay suficiente dinero...no hablemos de mayordomía...», «Los ingresos son insuficientes...invitemos a alguien para que nos hable de mayordomía...»

El pastor y los líderes de la iglesia deben reconocer estos principios que hemos mencionado en relación con el dinero y el manejo administrativo del mismo. Ellos deben estar convencidos de estas verdades para poder enseñarlas. De esta forma esto será una permanente realidad en la vida de la iglesia. Además ellos deben ser ejemplo a todos.

Las siguientes definiciones nos ayudarán a comprender de que debemos enseñar la mayordomía y, además, apoyan nuestra posición sobre la correcta administración:

«La mayordomía es un concepto bíblico principal. Es un hecho de primera magnitud en el plan de Dios. La mayordomía forma parte del mensaje bíblico, tanto como la expiación, la salvación, la iglesia, la segunda venida de Cristo y otras actividades vitales». [6]

«La mayordomía es una relación especial entre el hombre y Dios. Dios da abundantemente al hombre: vida, personalidad, capacidades, oportunidades y posesiones. Entonces Dios responsabiliza al hombre del uso de tales cosas. El hombre las ha de usar para promover los intereses de Dios en el mundo, como fiel mayordomo». [7]

Cuando analizamos el Nuevo Testamento, vemos que las argumentaciones mencionadas no cambian, por el contrario, las responsabilidades aumentan. No solo debemos dar cuenta del diezmo, sino que Dios desea que el 100 x 100 de nuestros ingresos sean administrados bajo el señorío de Cristo. Cuando el Espíritu Santo nos regenera lo hace en todo lo que somos, sabemos y tenemos, nada puede estar excluido. Formamos un todo y ese todo es del Señor.

Existen interpretaciones encontradas en relación con el diezmo en el Nuevo Testamento, especialmente en los primeros días de la iglesia. Quisiera en ese sentido presentar mi posición buscando añadir un poco de luz positiva sobre el problema.

1. Jesús habló poco sobre el diezmo, pero cuando lo hizo fue categórico: «¡Ay de vosotros, escribas y fariseos, hipócritas! porque diezmáis la menta y el eneldo y el comino, y dejáis lo más importante de la ley: la justicia, la misericordia y la fe. Esto era necesario hacer, sin dejar de hacer aquello».-Mateo 23:23.

2. No censura al diezmo, pero sí destaca que con el diezmo solamente no vamos a ninguna parte. Es necesario que esté acompañado de justicia, misericordia y fe. No pensemos que porque damos el diezmo al Señor, tenemos la puerta abierta para obrar en la vida sin respetar las leyes divinas.

3. Si el diezmo era algo que terminaba con la venida de Jesús y no existiría en la iglesia neotestamentaria, el Señor tenía aquí una muy buena oportunidad para aclararlo y hacer como hizo con la pascua. En el momento que estaba participando de ella con sus discípulos, dio por terminado el viejo pacto y presentó el nuevo pacto en su sangre. Aquello no va más, ahora hay una nueva forma de celebrar este acontecimiento (Mateo 26:17-29). Al no hacerlo así con el diezmo significa que continuaba.

4. Jesús no habló más del diezmo por cuanto Él estaba exigiendo en esos momentos de sus discípulos el 100 x 100 de lo que eran, sabían y tenían. Jesús tenía razón, ¿cómo demandaríamos el diezmo de los primeros convertidos? ¡Era ridículo!, si ellos lo dieron todo. Hasta vendían sus posesiones para que los discípulos contaran con los recursos necesarios para realizar la labor encomendada por el Señor.

5. Dios es el que sostiene a la iglesia. Por eso envía esa parte a cada uno de los creyentes, para que en cumplimiento de una sana mayordomía, llevemos ese dinero que el manda a la iglesia para que su obra continúe. Por eso demanda nuestra fidelidad, por eso nos llama ladrones, porque nos estamos quedando —cuando no cumplimos con su mandato— con lo que es de Él.

6. El diezmo no es ofrenda, es simplemente lo que Dios envía para su iglesia. Ofrenda es lo que damos de las 90 parte que nos corresponde y

sobre las cuales Dios espera que las administremos bajo el Señorío de Cristo.

7. El diezmo en el Nuevo Testamento es el primer peldaño para ofrendar; menos que eso ¡nunca! De allí hacia arriba todo lo que podamos hacer será transformado en bendiciones por parte de Dios de acuerdo a sus promesas y a su infinita misericordia.

La falta de una clara enseñanza de esta doctrina ha llevado a mucha desorientación dentro de la membresía y aun de los líderes de la iglesia. Es necesario revertir esta situación y a través de la permanente enseñanza de la mayordomía cristiana lograr que se mejore el entendimiento para que el creyente pueda llegar a ser cada día mejor administrador de las bendiciones que el Señor le da.

Esto debe ser perfectamente comprendido y reconocido por los pastores y los líderes. Es bueno recordar la parábola del siervo infiel (Lc 12:41-48) ya comentada: *«Aquél siervo que conociendo la voluntad de su señor, no se preparó, ni hizo conforme a su voluntad, recibirá muchos azotes»* (v. 47). Vuelvo a recomendar también el estudio de los capítulos 8 y 9 de 2 Corintios donde el apóstol Pablo ubica a la ofrenda en el lugar adecuado y la considera un ministerio.

En el Nuevo Testamento la iglesia asume la responsabilidad de llevar adelante la Gran Comisión encomendada por Jesucristo. Para ello se necesitan dones, talentos, conocimientos, capacidad y bienes. En la medida en que los dediquemos al Señor nos serán aumentados y prosperados. Esta es la realidad comprobada de los que desde nuestra adolescencia hemos entendido esta bendita doctrina de la mayordomía. No olvidemos la parábola de los talentos.

Surge aquí otro razonamiento: Si el pueblo de Israel necesitó una ley para cumplir con la voluntad de Dios sobre el diezmo y solo recibió bendiciones cuando la cumplió ¿seremos menos nosotros que por gracia hemos recibido el evangelio de Jesucristo? Yo no quiero ser menos, ¡quiero ser más! Pero lo quiero hacer por amor a Aquel que se dio a si mismo por mí. Quiero sobreabundar como Él sobreabunda conmigo. *«...Y poderoso es Dios para hacer que abunde en vosotros toda gracia, a fin de que, teniendo siempre en todas las cosas todo lo suficiente, abundéis para toda buena obra...»* (2 Cor 9:8)

Conclusión

1. Debemos despertar a la realidad de que nuestros bienes no son nuestros sino de Dios.

2. Jesús, el dinero y las posesiones.

3. La entrega del dinero como ofrenda y no como demanda.

4. Debemos dar con alegría.

5. Adecuada utilización del dinero de parte de la iglesia.

6. Administrarlo con cuentas claras.

7. La prosperidad según la Biblia.

8. El orden financiero establecido por Dios.

9. Razones de Dios para instituir el diezmo.

10. El diezmo en el Nuevo Testamento.

----

[1] *Howard L. Dayton, Su dinero, ¿frustración o libertad?, Editorial Unilit.*

[2] Programa de mayordomía para la iglesia local, CBP.

[3] Rodolfo Turnbull, *Diccionario de teología práctica*, TELL.

[4] Programa de mayordomía para la iglesia local, CBP.

[5] Ibid.

[6] Ibid.

[7] Ibid.

capítulo 7 – El plan de Dios requiere que la iglesia capacite a sus miembros

«Tu, pues, hijo mío, esfuérzate en la gracia que es en Cristo Jesús. Lo que has oído de mí ante muchos testigos, esto encarga a hombres fieles que sean idóneos para enseñar también a otros». (2 Ti 2:1-2)

«Procura con diligencia presentarte a Dios aprobado, como obrero que no tiene de qué avergonzarse, que usa bien la palabra de verdad». (2 Ti 2:15)

Meta

Podrá reconocer la necesidad de capacitar a la iglesia para la capacitación de otros con el fin de lograr el mejor uso de todos los recursos de la misma.

Objetivos

1. El alumno podrá explicar cuál es la responsabilidad de la iglesia para capacitar a sus miembros en la buena administración, así como también las consecuencias positivas y negativas de hacerlo o no, respectivamente.

2. El estudiante sentirá urgencia de capacitarse y de capacitar a otros.

3. El alumno dará por lo menos un paso para capacitarse a un mayor nivel o para capacitar a otros.

El capital humano es lo que consigue que muchas empresas progresen y avancen en sus planes y proyectos. No me equivoco al decir que la iglesia —empresa del Señor— está desperdiciando un importante capital, el cual al no ponerlo en actividad hace que la empresa pierda oportunidades de avances y progresos. En ese sentido debemos reconocer que estamos en deuda con nuestro Señor por no saber aprovechar la calidad del capital que El está enviando a la empresa a través de los talentos de sus miembros y de los dones que estaría dispuesto a añadir a la empresa si nos dispusiéramos a utilizar todo el caudal de ese capital que Dios ha dado a sus hijos.

«...No tengo talentos para aportar a la iglesia sobre los cuales yo pudiera ejercer una correcta administración, es lo que muchos creyentes piensan o dicen. Con demasiada frecuencia cuando pensamos en la administración de los talentos nos figuramos gente talentosa que tienen algún don especial de uno u otro tipo. Sin duda es una gran cosa que la gente con dones musicales, artísticos o de liderazgo los ofrezcan como parte de su servicio a la iglesia. Pero la verdadera administración de los talentos cala más hondo. Todos tienen talentos. La gente común no existe. Debemos entender esto mejor de lo que lo hemos hecho hasta ahora al ponernos a considerar la administración.

»Nuestro mayor talento, no importa quienes seamos, no es algún don en particular, sino lo es el carácter único y extraordinario de nuestra propia vida. Nuestra experiencia humana que podemos ofrecer a Dios y al prójimo es nuestro talento más especial. Dios utiliza nuestra buena administración de los mismos para llevar a cabo su voluntad y propósito en la tierra.

»Si Dios desea violines, dijo un poeta, entonces Él debe tener un hombre llamado Stradivarius que los haga. Debemos, por lo tanto, ofrecer a Dios nuestras propias y únicas vidas, nuestros talentos personales. Estas cosas no pueden ser ofrecidas a ninguna otra persona en el mundo. Nadie puede tomar nuestro lugar ante los ojos de Dios en esta administración de nuestros talentos personales. Hagamos que lo que ofrecemos sea útil al propósito de Dios...»[1]

Esto nos permite decir que ningún creyente debe estar excluido de su privilegio de cooperar en la empresa de Dios. La suma de talentos de todos los creyentes es un capital de incalculable valor y que hace posible que la iglesia pueda cumplir su cometido divino en el mundo.

Cuando nosotros no administramos nuestros talentos como corresponde es como si los estuviéramos escondiendo. La consecuencia no solo es que la obra se detiene o no avanza como debiera ser sino que nosotros perdemos el talento, perdemos las bendiciones que podrían aumentar nuestra capacidad y otros gozarán de mejores privilegios. Jesús lo manifestó con claridad en la parábola de los talentos (Mt 25:14-30).

Es necesario, por lo tanto, que la iglesia se organice para capacitar a sus miembros en el conocimiento claro de lo que es una correcta administración de nuestras capacidades, para ello tanto el pastor como los líderes de la iglesia deben estar adecuadamente preparados en administración.

Cuando capacitamos a los miembros de la iglesia no solo estamos desarrollando sus talentos, sino que también los estamos afirmando en la fe y las doctrinas bíblicas, consolidando su posición y sus creencias. Veamos con qué claridad lo señala el apóstol Pablo:

«Para que ya no seamos niños fluctuantes, llevados por doquiera de todo viento de doctrina, por estratagema de hombres que para engañar emplean con astucia las artimañas del error, sino que siguiendo la verdad en amor, crezcamos en todo en aquél que es la cabeza, esto es, Cristo» (Ef 4:14-15)

Cuando la iglesia está envuelta en programas que tienden al cumplimiento de este propósito, crece, tiene vida, y el pastor y los líderes ven que su administración está encauzada en caminos correctos, y la vida espiritual de los creyentes va en aumento.

La vida cristiana vista de esta manera, se convierte en una verdadera aventura de fe y adquiere cada día, características más que interesantes que llevan al creyente a vivir la vida en plenitud. Se confirma así lo que Jesús señaló: *«...Yo he venido para que tengan vida, y para que la tengan en abundancia»* (Juan 10:10b). De ese modo el testimonio cristiano es una actitud permanente del creyente, quien se goza en haber conocido «el camino, la verdad y la vida».

En mi experiencia visitando iglesias he tenido ejemplos muy gratos que muestran la ventaja de desarrollar a los líderes para que sean ayudadores del pastor y a la vez encargados de capacitar a la membresía. Recuerdo una iglesia en la parte norte de Argentina cuyo pastor tenía serios problemas con la administración de los aspectos financieros de la iglesia y a la vez con la enseñanza de la mayordomía a la congregación. Necesitaba una persona que le ayudara.

Estábamos en plena campaña de mayordomía y administración financiera de la iglesia. Junto con el pastor pensamos en un miembro que tenía talentos especiales para esta tarea, un importante comerciante de la ciudad, pero que nunca había sido desafiado para ayudar en la administración de la iglesia.

Hablamos con este hermano, oramos con él. Al principio le parecía que no podía hacerlo, pero luego el Señor puso en su corazón el convencimiento de que lo acompañaría. Lo presentamos a la iglesia, los miembros aprobaron su nombramiento como presidente del comité de finanzas y luego de algunas lecciones para capacitarlo mejor, asumió sus funciones. Fue un verdadero acierto.

No solo realizó la tarea con capacidad, lo cual libró al pastor de muchas responsabilidades, sino que también se ganó la simpatía de los hermanos. Puso en orden la contabilidad de la iglesia, preparó presupuestos con interesantes desafíos y logró un crecimiento en los aportes de los hermanos para el programa de la iglesia.

Era una persona que pensaba que no tenía talentos para servir en la iglesia, pero al desafiarlo, comprobó que Dios podía hacer mucho a través de él. No solo mejoró la situación de la iglesia sino que Dios le bendijo aumentando sus talentos y responsabilidades, y él, personalmente, comenzó a crecer espiritualmente mientras estaba poniendo sus talentos en acción, lo cual le permitía servir aun mejor a la iglesia.

Cuando recuerdo casos como éste y otros que he visto en las congregaciones me pregunto: ¿Cuántos creyentes habrá que están como adormecidos en sus iglesias, que si les desafiáramos a poner en acción sus talentos, despertarían de su letargo y serían siervos útiles para el Señor?

¡Cuánto capital del Señor está durmiendo en la iglesia, y no podemos utilizarlo porque no administramos correctamente a la congregación! ¡Si lo convirtiéramos en efectivo, nos llevaríamos una gran sorpresa! Pero allí está, paralizado, y lo que es peor muchos pastores y líderes ni se preocupan para hacerlo andar. ¡Roguemos a Dios para que nos despierte! ¡Para que nos utilice, luego de capacitados, para capacitar a otros! Diríamos en términos comerciales ¡A recuperar capital!

Es necesario que el pastor esté convencido de la necesidad de preparar líderes para que éstos ayuden a capacitar al resto de los miembros. Capacitar líderes solamente para tenerlos preparados tampoco funciona. Conocemos muchas congregaciones con muchos líderes capacitados pero que al no ser desafiados por el pastor para que a su vez capaciten a los creyentes, han quedado estancados y la iglesia no ha progresado.

Por todo lo que hemos visto surge la necesidad de que los miembros de las iglesias sean capacitados para todas las áreas de la vida de ellos y de la iglesia a través de estas cuatro funciones primordiales:

Como administradores de sus vidas

Solemos decir que con mejores familias tendremos mejores congregaciones. Es una verdad. Las familias están formadas por individuos. Entonces, una de las responsabilidades de la iglesia es educar a sus miembros para que sean cada día mejores componentes de la familia.

Posiblemente uno de los problemas que aún tiene buena parte del pueblo hispano, es una falta de ordenamiento en su vida particular. Muchos no han aprendido a ser ordenados en todos los actos de su vida. La iglesia tiene una tremenda responsabilidad en este sentido. Necesitamos mostrar que la Palabra de Dios requiere el manteniendo de un control sobre nuestros valores espirituales y materiales.

a) Manteniendo un estilo de vida distintivamente cristiano que a la vez modele el nivel de vida.

b) El cristiano debe ser guiado a comprender los propósitos divinos para las posesiones materiales.

c) El creyente necesita descubrir el equilibrio correcto en el uso de las cosas hoy y siempre.

A la familia se le ha conferido la responsabilidad de transmitir la fe en Dios a sus hijos. Muchos esperan que esto lo haga la iglesia, pero la Palabra de Dios es clara en ese sentido:

«Estos, pues, son los mandamientos, estatutos y decretos que Jehová vuestro Dios mandó que os enseñase, para que los pongáis por obra en la tierra a la cual pasáis vosotros para tomarla; para que temas a Jehová tu Dios guardando todos sus estatutos y sus mandamientos que yo te mando, tú, tu hijo, y el hijo de tu hijo, todos los días de tu vida, para que tus días sean prolongados» (Dt 6:1-2).

«Y estas palabras que yo te mando hoy, estarán sobre tu corazón; y las repetirás a tus hijos, y hablarás de ellas estando en tu casa, y andando por el camino, y al acostarte, y cuando te levantes. Y las atarás como una señal en tu mano, y estarán como frontales sobre tus ojos; y las escribirás en los postes de tu casa, y en tus puertas» (Dt 6:6-9).

«Trayendo a la memoria la fe no fingida que hay en ti, la cual habitó primero en tu abuela Loida, y en tu madre Eunice, y estoy seguro que en ti también». (2 Ti 1:5).

La iglesia debe secundar la labor del hogar, pero nunca reemplazarla. Su función será preparar a los futuros padres para ayudarles a entender su responsabilidad hogareña, de modo que el creyente pueda aprender a administrar adecuadamente su vida y su hogar. Si comenzamos esta tarea con los niños, tendremos aliviada la labor futura.

Fortificado el hogar, estaremos seguros de que nuestra iglesia será también fortalecida. Esta es una tarea permanente y prioritaria de nuestras congregaciones.

Como administradores del gobierno de la iglesia

Es posible que muchas iglesias cuenten con personas capacitadas como para administrar el gobierno de la iglesia. La capacitación que muchos creyentes han adquirido en el campo secular, les habilita para servir en la iglesia. Sin embargo, estos creyentes deben ser orientados para que al administrar el gobierno de la iglesia, no lo hagan de acuerdo al mundo secular, sino de acuerdo a la administración bíblica, de la cual ya hemos comentado. De lo contrario, tendremos siempre problemas por cuanto el Señor no tiene lugar en la administración del gobierno de la iglesia.

Aun cuando esta situación sea una ventaja para la iglesia, es prudente que también se desarrollen cursos de capacitación en administración para que todos los que deseen puedan adquirir conocimientos de cómo desenvolverse en las distintas comisiones, departamentos o ministerios de la iglesia. Una iglesia capacitada en este sentido, será siempre una organización dispuesta a avanzar. En el departamento de educación cristiana debe haber un programa para este estudio.

Como administradores de sus dones espirituales

Algo hemos señalado ya sobre este particular. Sin embargo creo que debemos insistir para que la iglesia desafíe permanentemente a sus miembros a desarrollar sus dones espirituales. Muchos creyentes que han ingresado al seno de la iglesia con mucho entusiasmo, luego han decaído en su interés. El problema posiblemente fue que no se han podido realizar. La iglesia debe enseñarles a cómo descubrir sus dones y luego darles la oportunidad de ponerlos al servicio del Señor.

Me he encontrado con congregaciones que han reclamado los dones espirituales de sus miembros, pero nunca han creado lugares donde ellos puedan ponerlos en práctica. Esto es lo peor que podemos hacer. Por ello, no solo debemos enseñar cómo descubrir los dones espirituales, sino también tener programas en los cuales puedan desarrollarse. Si hacemos esto, tendremos siempre una congregación activa y dispuesta al trabajo. El creyente debe recordar y aceptar su responsabilidad conferida por Dios sobre los dones espirituales.

Como administradores de sus bienes materiales

El gran problema de muchas iglesias es que no se habla demasiado de los bienes. Algunos hasta ni los quieren mencionar. Pero como hemos visto, son tan importantes como todos los demás. El uso de los bienes es lo que más demuestra nuestro grado de espiritualidad. Siempre sostengo que «la ofrenda es el termómetro de nuestra fe».

Cuando hemos aprendido a dominar los bienes materiales, estamos diciendo que hemos dominado todo lo que somos, sabemos y tenemos. Y cuando comprobamos las bendiciones que Dios nos envía a través de nuestra fidelidad, nos damos cuenta que para El también son importantes.

La Iglesia debe desarrollar un programa de enseñanza anual acerca de cómo administrar los bienes materiales, mostrando con franqueza lo que la Palabra de Dios nos dice sobre ellos. Demás está decir que el Pastor y los líderes deben estar convencidos de esta realidad.

a) El cristiano debe ser guiado a comprender los propósitos divinos para las posesiones materiales.

b) A lograr un nivel de vida que emplee los bienes materiales para propósitos definitivamente cristianos.

c) Realizar permanentemente una planificación en oración de los asuntos económicos.

Si esto hacemos habrá una importante comprensión de parte del creyente acerca de la necesidad de que haya un fuerte crecimiento en su vida en relación con la gracia de la administración.

Cuando estos cuatro puntos se administran bajo el Señorío de Cristo, llegamos a ser verdaderos y buenos administradores de la gracia de Dios.

«No descuides el don que hay en ti...» (1 Ti 4:14a)

Desde joven he tenido un deseo que no he podido ver realizado aún. Se trata de que cada iglesia sea un campo de enseñanza para que los creyentes sean capacitados adecuadamente sobre estos cuatro puntos ya señalados. Un instituto bíblico en cada iglesia.

Actualmente hay muchos seminarios e institutos que tienen cursos de capacitación, pero son para los que desean estudiar en días y horas especiales. También hay muchas congregaciones que tienen sus propios institutos, pero siempre es el creyente el que determina asistir, y aun así no siempre los horarios le son compatibles con sus ocupaciones.

Creo que la iglesia debe valerse de estos recursos para lograr la capacitación de sus miembros. Pero yo aspiro a que sea más profundo el alcance, de manera que la capacitación del creyente sea algo obligatorio y no meramente optativo.

Toda la iglesia estudiando con planes determinados sobre estos cuatro puntos señalados, como mínimo. Otorgando certificados que acrediten a los estudiantes a ser maestros de la escuela bíblica dominical, a ser misioneros, obreros de la iglesia, firmes en el conocimiento de la sana doctrina, capacitados para administrar el gobierno de la iglesia, administrar con sabiduría las finanzas de la iglesia, etc., etc. ¿Será esto soñar demasiado?

Hoy se cuenta con mucho material y se podría aprovechar esta circunstancia para una capacitación amplia y completa de todos los miembros de nuestras iglesias. Sea como sea, por favor capacitémonos para servir mejor al Señor. Las almas que están sin Dios y sin esperanzas nos lo agradecerán. Entonces sí estaremos capacitados para cualquier avivamiento que Dios quiera enviarnos.

Cuando hace casi 35 años me inicié en la tarea de administrar una empresa publicadora y librería evangélica, no existían en aquél entonces demasiados libros cristianos en circulación y nosotros penábamos por no tener libros sobre determinados temas.

Hoy las circunstancias son más que favorables, pues el fondo editorial evangélico es tan amplio que prácticamente no hay tema que no esté tratado por varios libros. Este valioso capital no puede pasar desapercibido. En algunos temas estamos más surtidos que el campo secular. Si las congregaciones no aprovechan esta oportunidad para desafiar a sus miembros, usted como lector tome la iniciativa: capacítese y promueva la capacitación dentro de su iglesia. Todo lo que se haga en este sentido será un beneficio para la obra.

«Si clamares a la inteligencia, y a la prudencia dieres tu voz; si como a la plata la buscares, y la escudriñares como a tesoros, entonces entenderás el temor de Jehová y hallarás el conocimiento de Dios. Porque Jehová da la sabiduría y de su boca viene el conocimiento y la inteligencia. El provee de sana sabiduría a los rectos; es escudo a los que caminan rectamente. Es el que guarda las veredas del juicio, y preserva el camino de sus santos» (Pro 2:3-8).

Dios quiere utilizar a su pueblo para grandes cosas. Con la asistencia de su Espíritu Santo, el desea que su pueblo se capacite, adquiera inteligencia y sabiduría, y se desarrolle para cumplir con mayor eficiencia el desafío de la gran comisión que le ha encomendado. No tenemos excusas para evadir esta responsabilidad, estamos solos frente a la posibilidad que se nos presenta: ¡Nosotros o nadie!

No se requiere de seres superdotados, sino de creyentes fieles que confíen en el Señor. Tenemos experiencias de seres que fueron alcanzados por el evangelio en condiciones muy humildes. El evangelio los transformó y hoy son pastores, misioneros, profesionales, empresarios, comerciantes, empleados y obreros dignos. ¿Si ellos lo lograron, porqué no nosotros? sólo hace falta confianza y fe en el Señor y disponernos a la capacitación.

La iglesia debe ser siempre impulsora de esta tarea. El beneficio será para ella y para todos los creyentes de la iglesia.

La misma tecnología que avanza a pasos agigantados, traerá nuevos métodos de capacitación. Tratemos de estar actualizados, no nos rezaguemos. Aprovechemos toda oportunidad de capacitación que nos presente el mundo para ser utilizada en favor de la extensión del evangelio.

Principios para que la iglesia tenga éxito en la administración [2]

Deseo detallar seis principios que son fundamentales para tener éxito en la enseñanza de la administración en las iglesias. Son como seis leyes rectoras y tienen que ver principalmente en la manera cómo funciona el liderazgo y cómo se relacionan los miembros con la iglesia. Si aplicamos estos principios en los programas de capacitación de nuestros miembros estoy seguro de que tendremos asegurado el éxito para lograr buenos administradores.

Principio del liderazgo
La virtud del liderazgo efectivo asegura a la iglesia la continuidad de la enseñanza por medio del testimonio. Como son los líderes serán los que aprenden de ellos. Por eso un liderazgo ineficaz es un daño pues se convierte en la agonía de sueños no realizados y oportunidades no aprovechadas. Las diferencias que hay entre una iglesia y otra, son producidas generalmente por la calidad del liderazgo.

Los pastores, diáconos, directores y maestros pueden ser elegidos para cargos de liderazgo. El cargo es conferido, pero el liderazgo se gana. Un buen líder siempre tendrá un buen liderazgo. Hay una gran diferencia entre tener un cargo de liderazgo y ser un líder. Se conoce al líder porque es el que siempre va adelante, siempre está en «todo». Los líderes no tienen éxito al tratar de reclutar a seguidores para que hagan lo que ellos mismos no hacen. Se es líder cuando un individuo sueña, tiene metas y luego tiene éxito al lograr que los seguidores compartan sus ideales. El liderazgo es ser algo e inspirar a otros en llegar a serlo. Es soñar grandes sueños y lograr que otros también sueñen y se unan en la realización. Bienaventuradas las congregaciones cuyos líderes saben guiar.

Principio de la máxima expectativa
Las leyes de la expectativa afirman que las respuestas o reacciones del pueblo no sobrepasarán el nivel de expectativas de sus líderes. Si planeamos poco, escasa será la respuesta. Si pedimos poco recibiremos

poco. Todo gira siempre entre la «máxima expectativa» y la «mínima expectativa».

Estos son interrogantes para los líderes de las iglesias:

a) ¿Cuánto podemos esperar de los miembros de la iglesia?

b) ¿Es lógico que la iglesia subsista con el «mínimo»?

c) ¿No será conveniente que la iglesia proyecte sus metas de expectativas al nivel de la capacidad de sus miembros?

Existe una tremenda diferencia entre expectativa y requerimiento. A un pueblo libre no se le puede exigir. El requerimiento generalmente cuadra dentro de reglamentos. En cambio la expectativa es comunicada a través de metas y apelaciones para obtener respuesta de amor. Los miembros de la iglesia merecen ser desafiados por expectativas audaces. Es muy afortunado el individuo cuya iglesia apela a sus más altos ideales de vivencia cristiana, su más plena capacidad de testimonio personal y el grado más alto de capacidad para dar.

Principio de participación
La ley de la participación afirma que el nivel de dedicación de los miembros no sobrepasará el correspondiente nivel de su participación. Las personas quieren participar y, en la mayoría de los casos, su dedicación dependerá de su participación.

La iglesia que desea que sus miembros estén interesados en los programas y en el presupuesto, involucrará a los miembros en el proceso de las decisiones. Hay un error cuando se insiste en afirmar que: «nuestros miembros no se interesan en los detalles». Si es cierto, entonces probablemente se confirmará que tampoco se interesarán por la marcha de la obra.

Poco interés produce poco apoyo. Hay pocas excepciones a esta regla. Alguien dijo: «si queremos que más personas se dediquen a ser maestros, convirtamos a los maestros en héroes». Si deseamos mayor participación, involucremos a todos los creyentes en todos los asuntos de la obra.

Principio de pertenencia
El formar parte de la iglesia del Señor es una experiencia de pertenencia. La iglesia pertenece a Cristo. Los creyentes pertenecen a Cristo, los unos a los otros y a la tarea de la iglesia. Significa que Cristo es «mío», pero significa mucho más. También significa que «yo» pertenezco a Cristo y a su iglesia. Significa que tengo el derecho de participar en la vida de la iglesia y la responsabilidad de ser usado en los ministerios de la misma.

El pertenecer presenta muchas responsabilidades de grupo. No destruye las libertades individuales, sino que magnifica la responsabilidad de grupo. El individuo es una parte del grupo al cual pertenece. Esto significa que pertenece a la iglesia y a su ministerio total, su presupuesto y su tarea mundial.

Este principio de pertenencia constituye la base más poderosa desde la cual apelar a la lealtad de los miembros, a la fidelidad en el servicio y al dar generoso para cubrir el presupuesto. Lo que es la iglesia, y el sentido de pertenencia de los miembros constituyen las razones más formidables para solicitar el apoyo masivo a todo el programa de la iglesia. El miembro que siente que «pertenece» a la iglesia, deseará colaborar con toda fidelidad en todas las tareas.

Principio de integridad

El principio de integridad establece el derecho de informar a sus miembros honrada y gozosamente sobre los negocios de la iglesia. Hablar la verdad y vivirla es cristiano. Este es el camino para cristianos en lo personal: es el camino para las congregaciones. El pensar que solo unos pocos líderes tienen la capacidad para comprender, es perder de vista la obligación que la iglesia tiene para con su congregación.

La integridad de la iglesia abarca más que hablar la verdad. También abarca fidelidad en su misión. La integridad requiere que la programación de actividades, la dirección de los esfuerzos del liderazgo y la administración del dinero estén de acuerdo con la tarea de la iglesia dada por Cristo. El principio de integridad asume la responsabilidad de total fidelidad a la congregación a fin de que lo que se promete cuando se recibe el dinero sea cumplido en el uso de los fondos. La integridad de la iglesia reclama fidelidad a Cristo y a su propósito para con la iglesia.

Principio de franqueza

La libertad y la competencia del individuo son dos verdades fundamentales. La aceptación de éstas requiere una relación de trabajo en la iglesia basada en la participación de los miembros. De esto proviene la práctica de la franqueza.

Las personas tienen el derecho de saber todo lo que desean saber sobre los asuntos de la iglesia. Los asuntos cristianos son su negocio. El pensar que no se interesan o no se les puede tener confianza con los datos es fatal para la iglesia. Si es asunto de la iglesia es asunto de los miembros.

Las iglesias que confían el control económico y las decisiones en las manos de unos pocos, están buscando problemas. Quizás las dificultades no surjan inmediatamente, pero llegarán. Los miembros de una iglesia no soportarán indefinidamente la falta de franqueza. La franqueza es más que sencillamente evitar problemas. Es fundamental para el interés de los miembros y su dedicación.

Cuando se presentan problemas en las iglesias

Algunas recomendaciones prácticas que servirán para tratar de hallar solución a los conflictos que lamentablemente suelen presentarse en la iglesia:

«Tarde o temprano el dirigente se verá envuelto, directa o indirectamente en algún conflicto de la organización. A lo largo de toda la historia de la humanidad el trato incorrecto de los conflictos, ha destruido matrimonios y amistades, ha disuelto negocios, compañías y corporaciones, ha motivado la caída de grandes líderes y de imperios, de gobiernos y ha desencadenado guerras».[3]

«De donde vienen las guerras y los pleitos entre vosotros? ¿No es de vuestras pasiones, las cuales combaten en vuestros miembros? (Sant 4:1)

1. No siempre los conflictos son consecuencia de causas justas.

2. Asegúrese que no sea un simple rumor.

3. Muchas veces es simplemente un mal entendido.

4. Escuche ambas partes con equidad.

5. No manifieste su opinión frente a un solo bando.

6. Analice todos los antecedentes. No se apresure a juzgar.

7. Escuche todas las «campanas».

8. No se deje llevar por parentescos o amistades.

9. Pida a Dios dirección para tomar decisiones.

10. Tenga a la Biblia por regla para impartir justicia.

11. No demore en intervenir. Más se demora la solución, mayor será el problema.

12. Demuestre siempre amor. Evite la palabra hostil, controle la ira.

En la Biblia Jesús nos dejó normas para tratar los conflictos entre hermanos: *«Por tanto, si tu hermano peca contra ti, ve y repréndele estando tú y él solos; si te oyere, has ganado un hermano. Mas si no te oyere, toma aun contigo a uno o dos, para que en boca de dos o tres testigos conste toda palabra. Si no los oyere a ellos, dilo a la iglesia; y si no oyere a la iglesia, tenle por gentil y publicano»* (Mt 18:15-17).

Quizás sea imposible evitar conflictos, pero procure que por lo menos sean de menor daño para los hermanos y la iglesia. No tome parte en ellos, no se identifique, ya que como pastor usted siempre debe ser neutral. No lo olvide.

En todo lo que hemos comentado hay una responsabilidad para cada pastor, cada líder, cada miembro de la iglesia. En la proporción en que estemos dando atención a esta necesidad de educarnos para educar, aumentará nuestra capacidad para ser administradores de nuestra vida y para ser consejeros para la administración de la vida de los demás. Una iglesia capacitada en administración es una iglesia en acción.

También debemos advertir a los miembros de la iglesia para que sean honestos con sus pastores. Todos acudimos al pastor para casos de emergencia. No importa si es de madrugada o en cualquier hora del día. Todos creemos que el pastor debe estar presente en los momentos de conflictos, enfermedades, etc., no importa la hora que sea. Es cierto es bueno que así sea. Pero tenemos que tener en cuenta que así como llamamos al pastor por una enfermedad o por un hijo que se descarría, o alguien que está en problemas, también tenemos que llamarlo cuando la familia está de fiesta. A veces sin darnos cuenta lo olvidamos. Fuimos al pastor en momentos de desesperación, pero luego cuando esos problemas se arreglaron y estamos de fiesta en casa para celebrarlo, el pastor no fue invitado. No es correcto. Si lo hemos molestado cuando las cosas estaban mal, hoy que todo esta bien, también el pastor debe estar. El debe compartir con nosotros también nuestras alegrías. Algunos, solo llaman al pastor para «pálidas» pero cuando todo «sonríe» se olvidan del pastor. Procuremos que no sea así.

Conclusión

1. El capital humano de que dispone la iglesia debe capacitarse.

2. El creyente debe sentir la responsabilidad de capacitarse.

3. Capacitándose como administradores de sus vidas.

4. Capacitándose como administradores del gobierno de la iglesia.

5. Capacitándose como administradores de sus dones espirituales.

6. Capacitándose como administradores de sus bienes materiales.

7. Necesidad de aprovechar todos los recursos de que hoy dispone la iglesia.

8. La iglesia como una entidad capacitadora.

9. Principios a tener en cuenta para lograr éxito en la administración.

10. Consejos para solucionar conflictos.

_____

[1] Rodolfo G. Turnbull, *Diccionario de teología práctica*, TELL.

[2] Programa de mayordomía para la iglesia local, CBP.

[3] *Myron Rush, Administración, un enfoque bíblico, Editorial Unilit, Miami.*

Capítulo 8 – El plan de Dios requiere que el presupuesto de la iglesia sea representativo de una buena administración

«Pero esto digo: El que siembra escasamente, también segará escasamente; y el que siembra generosamente, generosamente también segará». (2 Co 9:6)

«Porque la ministración de este servicio no solamente suple lo que a los santos falta, sino que también abunda en muchas acciones de gracias a Dios; pues por la experiencia de esta ministración glorifican a Dios por la obediencia que profesáis al evangelio de Cristo, y por la liberalidad de vuestra contribución para ellos y para todos». (2 Co 9:12-13)

Meta

El alumno entenderá la relación entre el presupuesto de la iglesia y el plan, el reto y la misión correspondientes.

Objetivos

1. El estudiante podrá comunicar cuál es la relación entre el presupuesto y la obra de la iglesia, así como también la prioridad que las congregaciones le dan, ya sea al uno o a la otra.

2. El alumno se sentirá motivado a enfatizar como prioridad el programa de ministerio de la iglesia (en el contexto de todo lo que Dios quiere hacer por medio de ella), sin olvidar la importancia del presupuesto (el cual el Señor puede suplir) para poder realizarlo.

3. El estudiante evaluará sus propias actitudes (y la de la congregación a la cual asiste) con respecto a la relación entre el presupuesto y la obra de la iglesia.

Una deficiencia que hemos observado es que en algunas congregaciones el presupuesto no ocupa el lugar que debe tener en la estructura de la administración. No se le considera en la dimensión que corresponde. Algunos detalles observados:

1. Algunas iglesias no tienen un adecuado presupuesto. Se manejan con datos que van llevando de un año para otro, es más una cuenta de gastos que un plan de trabajo.

2. Se suele confeccionar sin la intervención de los organismos de la iglesia. Se reúnen el tesorero y el pastor y establecen más que un presupuesto, un simple plan de cuentas.

3. Los tesoreros piden auxilio para cubrir saldos en rojo, en vez de apelar al cumplimiento de un plan de trabajo.

4. Algunos miembros lo ven como una carga.

5. Muchas congregaciones, en particular las más pequeñas, no estructuran su presupuesto y muchas veces cuando crecen mantienen el mismo criterio. Su modo de actuar consiste más en un proceso de mirar hacia atrás que de mirar hacia adelante y arriba. Este grupo se enorgullece si el presupuesto que confeccionan logra ser el «más bajo posible».

6. También hay iglesias que formulan su presupuesto con una verdadera preocupación por rendir un servicio cristiano que sea significativo. Su principio normativo es ¿Hasta qué punto podemos extendernos en el desarrollo de una tarea que sea digna del alto llamado que hemos recibido? Siempre miran hacia adelante y arriba.

Frente a todo esto surge la pregunta: ¿Qué es en realidad un presupuesto?

El presupuesto de una iglesia, sea cual fuere el número de miembros, está formado por el «hacer» de la iglesia, es decir toda la tarea a realizarse durante el año, lo que equivale al ministerio de la iglesia. A su vez consta de dos partes muy importantes: (ver gráfico)

El ministerio que se va a realizar durante el año

Todo lo que se piensa realizar en la educación, la evangelización, las misiones, el servicio comunitario, las actividades especiales, los retiros, los talleres, la obra pastoral, las inversiones, etc. Es decir, todo el trabajo que la iglesia realizará durante el año en el nombre del Señor. La visión de la iglesia en este sentido debe ser amplia, mirando siempre hacia adelante y hacia arriba, teniendo en cuenta el gran desafío que Jesús nos ha dejado y sabiendo que contamos con el poder de nuestro Dios. Esta parte que es el «hacer de la iglesia» es un desafío a los dones, talentos, tiempo, conocimientos y capacidad de los miembros, procurando que cada uno ocupe su lugar en los respectivos «ministerios» de la iglesia en cumplimiento de la responsabilidad que cada creyente tiene frente a la

Gran Comisión. Ningún miembro debe estar ausente en este desafío del presupuesto. Nadie debe sentirse excluido. Si los miembros han sido adecuadamente capacitados para las distintas tareas, nadie debe quedarse sin hacer algo.

El costo del ministerio que se va a realizar durante el año

Toda tarea para poder realizarse tiene un costo. Pocas cosas pueden hacerse sin tener que invertir dinero en ellas. El «hacer» de la iglesia solo podrá llevarse a cabo a través de una inversión económica. Esto equivale a decir que el presupuesto tiene también otro desafío para el creyente: el aporte de sus bienes. Este aporte debe realizarse de acuerdo a como está establecido en su Palabra, por medio de ofrendas, diezmos, primicias y contribuciones, dentro de un verdadero espíritu de amor al Señor y su obra. No por impulso surgido de presiones, sino de enseñanzas que muestren cuales son las responsabilidades que el Señor nos demanda.

Por estas razones, el presupuesto de la iglesia no es una simple cuenta de gastos, sino que representa el programa de la iglesia y su costo. En otras palabras su ministerio, y por lo tanto adquiere una importancia fundamental en la vida de la iglesia.

Esta forma de proceder hace que el énfasis principal del presupuesto recaiga más en lo que se ha de lograr con el «hacer», que con la cantidad de dinero a obtenerse. Al creyente le agrada dar sus aportes a causas bien concretas, siendo difícil que den dinero a un «fondo» o a un «presupuesto» a secas. El hecho de verse envuelto en el programa, y de tener un lugar en el «hacer» de la iglesia, le motivará a dar con alegría y procurará por todos los medios de que las metas económicas del presupuesto se logren.

Con este enfoque debemos hacerle notar al miembro de la iglesia que su participación en el programa, como así también su contribución, permiten el cumplimiento del «hacer» de la iglesia. Por eso decimos que el presupuesto lejos de ser una cuenta de gastos, es más bien «la vida de la iglesia».

Para que así lo sienta plenamente el miembro de la iglesia, debemos permitirle que participe en la elaboración del presupuesto, y enseñarle que debe integrarse al mismo ocupando sus responsabilidades en las dos partes, de acuerdo a sus dones y capacidades y a sus posibilidades económicas. Al presentarlo así, permitiremos que el creyente sea un perfecto mayordomo de lo que Dios le ha dado.

Necesitamos para ello desterrar la idea de que el presupuesto sea solamente preparado por el pastor y algunos de sus líderes, o simplemente por el comité de finanzas. Toda la membresía, a través de sus ministerios ha de participar en la elaboración de algo tan importante para la vida de la iglesia y del creyente. El presupuesto es la vida de la iglesia. No se puede realizar una adecuada labor sin un presupuesto organizado.

Debemos tener cuidado de no planearlo solamente con nuestra mentalidad, pues en ese caso tendrá un alcance muy limitado. En cambio si lo hacemos pensando en la grandiosidad del Dios al cual servimos y al tremendo desafío que El nos ha dejado, su resultado será muy positivo. No cometer locura en los planes, pero tampoco obrar como un pueblo sin Dios.

Orientaciones para elaborar un presupuesto según nuestras sugerencias (Ver gráficos)

Conceptos previos

a) El presupuesto debe desafiar a los miembros hasta la mejor expresión de su capacidad de colaborar y contribuir.

b) El presupuesto debe proveer los mayores recursos para el sostenimiento de los ministerios aprobados por la iglesia.

c) El presupuesto debe ser una expresión de la realidad de los planes agresivos de la iglesia.

d) El presupuesto debe seguir los objetivos de la iglesia.

e) El presupuesto debe dar lugar a Dios para que él también participe.

Análisis de programas y necesidades actuales

Preguntas que debemos responder:

¿Está la iglesia cumpliendo bien su programa total

¿Están bien desarrollados los ministerios de la iglesia?

¿Hay otros ministerios que podrían ser incluidos?

¿Tenemos ministerios que no necesitan llevarse a cabo?

¿Cómo estamos con los ministerios en relación a los objetivos de la iglesia?

Preparación de propuestas de ministerios
El instrumento clave es la «propuesta de ministerio» por cada ministerio

y/o programa de la iglesia. Por lo tanto se deben pedir «propuestas de presupuesto» a cada organización. Debe contener:

a) Una descripción del propósito del ministerio y sus planes de trabajo, indicando como apoya ese ministerio al objetivo general de la iglesia.

b) Detalles de las necesidades que deberán ser satisfechas durante el año de trabajo y los beneficios que por ellas recibirá la iglesia.

c) Metas que se proponen realizar durante el año para el cumplimiento de los planes proyectados.

d) El costo pormenorizado de cada tarea a realizar. Deben incluirse también los gastos fijos que tenga el ministerio y/o programa.

e) La implicación a futuro que tendrán las propuestas realizadas: por ejemplo a dos, tres o cinco años. A la vez cómo puede complicar el presupuesto de años siguientes las determinaciones tomadas ahora.

f) Una evaluación de posibles alternativas, para el caso de que no se logre todo lo que se solicita en la propuesta actual.

Evaluación de las propuestas de ministerios

A) El próximo paso debe ser evaluar cada ministerio y establecer por orden prioritario la importancia que tienen dentro del programa de la iglesia.

B) La prioridad debe establecerse sobre la base de la razón de ser de la iglesia, su objetivo general y su programa; respondiendo a las siguientes preguntas:

a) ¿En qué medida contribuye a la razón de ser de la iglesia este ministerio?

b) ¿Qué contribución brindará a la iglesia para alcanzar su objetivo general y sus metas?

c) ¿Es necesario este ministerio, programa o servicio?

d) ¿Hay alguna otra forma de lograr esta tarea?

e) ¿Al proyectar este ministerio, programa o servicio, cómo contribuirá al crecimiento de la iglesia en el futuro y cuál será su costo?

f) ¿Hay otro ministerio similar que aportaría un mayor crecimiento para la iglesia pero que no está incluido por falta de presupuesto?

Coordinación de propuestas de ministerios

Las propuestas deben ser coordinadas por la comisión de finanzas o el organismo designado al efecto por la iglesia. Pasos mínimos a realizar:

a) Reunir las propuestas en un solo presupuesto

b) Confeccionar una copia en borrador para que sea analizada previamente (antes de tratarlo la iglesia) por la comisión coordinadora o el concilio de la iglesia.

c) Si hubiera objeciones, o ajustes que realizar, los ministerios representados podrán dar su consejo en relación a los ajustes que sean necesarios. Si la situación es más complicada, debe volver la «propuesta de presupuesto» al ministerio correspondiente para su consideración.

d) Logrado el acuerdo, la comisión de finanzas o el organismo designado, confeccionará el presupuesto final y preparará las copias para que sea considerado por la asamblea de la iglesia.

Aprobación del presupuesto

El presupuesto debe presentarse a la iglesia para su consideración en una asamblea general especial. De la manera como se organice esta reunión, dependerá el éxito para su aprobación. Los miembros de la iglesia deben ser perfectamente informados de todos los planes y explicarles con claridad qué es lo que busca cada ministerio en su labor durante el año.

El desafío que se realice debe ser impactante, teniendo en cuenta que los miembros deberán asumir responsabilidades en los dos aspectos del presupuesto: en el hacer, ministerio a realizar, y en el costo, lo que cuesta realizar ese ministerio.

En algunas congregaciones se acompaña la reunión de aprobación del presupuesto con una especie de exhibición, donde los ministerios, con pancartas, carteles y maquetas, presentan su plan de trabajo, de manera que el miembro pueda informarse con mayor amplitud de los alcances de lo que se piensa realizar si se aprueba el presupuesto. Esto lo hemos podido comprobar durante la enseñanza de los cursos de administración que coincidían con la presentación del presupuesto y en verdad ha sido algo muy práctico y a la vez descriptivo de lo que se piensa realizar en los distintos ministerios.

Es un momento importante donde el pastor y los líderes deben desafiar a los miembros a participar en las distintas actividades de los ministerios y a respaldar su realización con el aporte de sus bienes.

Control del presupuesto

Un error que se puede cometer luego de la aprobación del presupuesto, es pensar solamente en que ingresen los fondos necesarios. El control del presupuesto debe preocuparnos tanto si se cumplen los ingresos como los planes proyectados.

Se necesitan informes mensuales que den cuenta de los ingresos y cómo fueron aplicados al presupuesto. También información clara dando cuenta que como consecuencia de los aportes realizados se ha ido completando el programa proyectado. Esto estimulará al miembro de la iglesia para que se sienta cada vez más comprometido con el presupuesto «vida de la iglesia».

La falta de informes claros, y fuera de tiempo, será un tropiezo para la buena marcha de las actividades de la iglesia. Por lo tanto hay que evitar de caer en ese error.

Cumplimiento del presupuesto

Debemos llamar la atención al hecho de que posiblemente en algún momento el presupuesto no reciba el 100% de los fondos necesarios. Ya sea porque se proyectó por encima de las posibilidades, o por factores tales como falta de una adecuada comprensión de los planes, o, por dificultades económicas que puedan surgir en un país. En tal situación debe obrarse con prudencia.

Sugerimos los siguientes pasos:

a) Atender en primer lugar a los gastos fijos que representan compromisos contraídos y que no podemos eludirlos.

b) Dar preferencia a ministerios impostergables si los hubiera.

c) El resto debe distribuirse a los demás ministerios según el porcentaje neto que resta. Por ejemplo: si ingresa un 90% del valor del presupuesto, es casi seguro que luego de atender los gastos fijos quedará un 70% aproximadamente para el resto de los ministerios. En tal caso debe acreditarse a la cuenta de cada ministerio el equivalente a ese por ciento. Si más adelante el problema se soluciona, entonces se acreditan los por ciento que correspondan para que todo quede en orden. Debemos evitar de gastar «a cuenta» pensando en solucionarlo más adelante.

d) En estos casos la comisión de finanzas debe actuar inmediatamente distribuyendo los fondos en forma proporcional y a la vez arbitrar medios a través de los cuales se logre entre la congregación la regularización de los aportes. No debemos olvidar la condición de «buscadora de recursos» y no de «fiscalizadora» de esta comisión. A su vez los ministerios y otros organismos de la iglesia deben ocuparse de que lo planeado en el presupuesto se cumpla.

e) La iglesia debe supervisar el cumplimiento de su presupuesto por medio de sus revisores de cuentas o síndicos.

Debemos agregar algunos conceptos en relación con la atención del sostén del pastor y demás personal de la iglesia:

1. Debe respetarse la ley y debemos tener en orden toda la documentación que se requiera sobre el particular. Aportes de jubilación, salud, viáticos, etc.

2. Todo debe realizarse en orden y de acuerdo a las disposiciones fiscales vigentes en cada país. Lo que se paga debe estar bien aclarado. No debemos hacer nada en oculto.

3. Somos responsables de reconocimientos económicos adecuados para todos aquellos que trabajan en la obra. Recuerden el ejemplo que Dios nos dio en relación con los Levitas.

4. Algunas iglesias han tenido serios problemas que derivaron en juicio con personal contratado a quien no se le cumplió adecuadamente con las disposiciones legales. ¡Cuidado! Mas vale prevenir que curar.

5. Publicamos un modelo de presupuesto para atender las necesidades de un pastor. (Ver modelo de presupuesto para un ministerio pastoral.)

6. Como creyentes debemos ser fieles cumplidores de las leyes y dar un correcto ejemplo.

También debemos recordar, para evitar confusiones y malas interpretaciones, que el tesorero no es el dueño del dinero. El tesorero es dueño del manejo de las finanzas según el presupuesto. El presupuesto le determina como obrar. El presupuesto es su «amo».

En cuanto a los informes sobre el comportamiento del presupuesto pueden ser verbales, escritos o gráficos. Su presentación debe hacerse durante alguna reunión cada mes. Los gráficos pueden colocarse en lugares visibles (Ver «ideas para presentar informes» al final del capítulo.)

Siempre será positiva la palabra del pastor desde el púlpito animando a los hermanos a cumplir con el presupuesto. La iglesia debe «vivir» su presupuesto, pues es su plan de trabajo. Si queremos que la iglesia tenga vida y vida en abundancia, el mejor termómetro para su medición es cómo se cumple el presupuesto. Debe ser por lo tanto, motivo de preocupación para todos los miembros de la congregación y en forma especial de sus líderes.

Otro detalle a tener en cuenta es lo que señalamos en el capítulo 2. Dios debe tener su parte. De lo contrario Él no puede obrar. Debemos tener en cuenta lo que Él puede hacer durante el año en la vida de cada creyente y de la iglesia. Si solo planeamos el presupuesto con nuestra mentalidad tendrá un resultado muy limitado. En cambio si lo hacemos pensando en la grandiosidad del Dios al cual servimos, su resultado será importante. Es verdad que no debemos cometer locuras con el presupuesto, pero tampoco obrar como un pueblo sin Dios.

Quiera Dios guiar a las congregaciones para que cada día perfeccionen su administración a fin de que puedan cumplir con mayor eficiencia su ministerio. Debemos ser ejemplo para todos aquellos que nos observan. Es muy triste cuando la iglesia es criticada como consecuencia de desorganización en su administración y los líderes de ella no ocupan el lugar que Dios les ha establecido, ni lo hacen demostrando sabiduría.

Es verdad que somos humanos, pero cuando estamos al frente de la iglesia o componemos parte de ella, debemos tener presente que estamos frente a cosas sagradas que no nos pertenecen. El Señor en su infinita bondad nos ha puesto como administradores de su plan de redención para la humanidad. El pensar que por nuestra negligencia no comunicamos el mensaje de la salvación que Cristo ofrece, o que alguien se aparte de Él como consecuencia de nuestra deficiente administración, es más que lamentable y debería ser motivo de preocupación permanente.

¡Cuánto duele! Cuando vemos testimonios que entristecen y no añaden progresos a la obra. Debemos demandar sabiduría de lo alto, clamar por capacidad y comprensión y pedir a Dios que nos dé de su justicia, su paz y misericordia.

Estamos agradecidos a Dios por el ejército de seres cristianos que en innumerables iglesias están sirviendo con lealtad y sacrificio. Gracias al Señor por todos aquellos que fueron fieles a través de los años y de quienes hemos recibido la herencia incorruptible de amor y perdón de parte de Dios. Gracias por aquellos que dispusieron de sus dones, talentos, tiempo, capacidades, conocimientos y bienes para que nosotros tuviésemos hoy el privilegio de conocer a Dios.

Pidamos ayuda al Señor para ser testigos suyos, con lealtad, y tener el orgullo de entregar la antorcha de la fe, sin contaminaciones, a aquellos que vendrán después de nosotros. Que aprendamos de nuestros mayores y seamos capaces de guardar la fe, como el depósito más preciado, y la podamos ofrendar a los que vendrán, con la misma fuerza como la recibimos de ellos.

Conclusión

1. ¿Qué es el presupuesto de la iglesia?

2. Partes en que se divide el presupuesto.

3. ¿Qué es el «hacer» de la iglesia?

4. ¿Qué es el costo del «hacer» de la iglesia?

5. ¿Quiénes elaboran un presupuesto?

6. ¿Quiénes deben aprobarlo?

7. Ocho pasos para preparar, aprobar, y controlar el presupuesto.

8. ¿Cómo debe ser el sostén pastoral?

9. Necesidad de cumplir con las leyes del país.

10. El tesorero y el presupuesto.

GRÁFICO QUE MUESTRA AL PRESUPUESTO EN SUS DOS DESAFÍOS

Dones, talentos, tiempo, conocimiento y capacidades		Bienes
Tarea a realizar durante el año		Costo de la tarea
1. Ministerio pastoral		
Salario pastoral, incluido leyes sociales	$3,126.30	
Viáticos	$ 100.00	
Seguro médico	$ 150.00	$3,376.30
2. Ministerio educacional		
Material para enseñanza	$3,240.00	
Utiles y enseres para las clases	$ 126.00	
Capacitación de maestros, retiro,etc.	$ 340.00	
Compra de 2 mesas y 10 sillas	$ 550.00	
Premio a niños, fiesta fin de año	$ 300.00	$2,550.00
3. Ministerio de evangelismo y misiones		
Material a utilizar en el año	$ 720.00	
Costo de 2 mini campañas	$1,250.00	
Mantención de equipo de sonido	$ 135.00	$2,005.00
4. Ministerio de música y adoración		
Compra de 4 togas	$ 240.00	
Compra de material musical para el coro	$ 120.00	
Compra instrumentos para la orquesta	$1,230.00	
Capacitación de maestros, retiro, etc.	$ 340.00	$1,930.00
5. Ministerio acción comunitaria		
Gastos mantenimiento del comedor	$1,500.00	
Asistencia social a la comunidad	$ 650.00	
Compra medicamentos	$ 500.00	
Compra alimentos	$ 650.00	$3,300.00
6. Ministerio de intendencia		
Conservación templo y edif. educativa	$ 900.00	
Pintura y arreglos menores	$ 980.00	
Luz, agua, gas e impuestos	$ 450.00	
Arreglo bautisterio	$ 120.00	
Imprevistos	$ 300.00	$2,750.00
7. Ministerio de economía y finanzas		
Materiales a utilizar durante el año	$ 540.00	
Libros cursos mayordomía	$ 200.00	
Promoción campaña anual mayordomía	$ 200.00	
Sobres, folletos, etc.	$ 500.00	$1,400.00
8. Ministerio de planes futuros		
Reserva para comprar terreno nueva misión	$1,000.00	$1,000.00
TOTAL COSTO DE LOS MINISTERIOS DE LA IGLESIA		$18,301.30

1. Los miembros deber ser desafiados a ocupar su lugar en los respectivos ministerios con sus dones, talentos, tiempo, conocimientos y capacidades.
2. Los miembros deben ser desafiados a ocupar su lugar en el costo de los ministerios con sus bienes.

PROPUESTA DE MINISTERIOS PARA EL PRESUPUESTO

Ministerio de música y adoración	Año en curso	Propuesta
Coros y conjuntos	$_____	$_____
Mantenimiento instrumentos	$_____	$_____
Equipos de sonido	$_____	$_____
Retiro, viajes	$_____	$_____
Himnarios, cancioneros	$_____	$_____
Togas	$_____	$_____
Imprevistos	$_____	$_____

Ministerio de evangelismo y misiones	Año en curso	Propuesta
Campañas y reuniones evangelísticas	$_____	$_____
Biblas, tratados, folletos	$_____	$_____
Apoyo a los misioneros	$_____	$_____
Reserva para viajes, retiros, etc.	$_____	$_____
Ofrendas fraternales	$_____	$_____
Imprevistos	$_____	$_____

Los respectivos ministerios, completarán los formularios —utilizando estos modelos— de acuerdo a sus necesidades.

Deben consignar el total del presupuesto actual y cuánto requieren para el próximo año

Deben tener cuidado en no solicitar más de lo prudente, simplemente por que tienen la oportunidad de pedir. Lo solicitado debe estar de acuerdo al plan de trabajo del año.

MODELO DE PRESUPUESTO PARA UN MINISTERIO PASTORAL

Concepto	Año en curso	Recomendado
1. Salario Pastoral		
Sueldo básico	$_____	$_____
Aguinaldo-sueldo anual suplement.	$_____	$_____
Vivienda (alquilero o compra)	$_____	$_____
Servicios y mantenimiento	$_____	$_____
2. Prestaciones		
Jubilación	$_____	$_____
Seguro médico	$_____	$_____
Seguro de vida	$_____	$_____
Seguro por incapacidad	$_____	$_____
3. Gastos del ministerio		
Transporte, uso automóvil, etc.	$_____	$_____
Convenciones, conferencias, etc.	$_____	$_____
Libros, publicaciones, etc.	$_____	$_____

Este modelo también es adaptable para las iglesias que aparte del pastor, tienen otro personal empleado.

Es posible que algunas iglesias en sus comienzos no puedan llegar a este ideal de presupuesto, pero por lo menos tienen una guía para ir mejorando cada año.

Ideas para presentar informes sobre el presupuesto

1. Teniendo en cuenta que el presupuesto casi por lo general está programado por ministerios, conviene presentar todos los meses los avances que se han logrado.

2. Para el orden en que deben darse los informes pueden tener en cuenta lo siguiente:

   a) La importancia que el ministerio tiene en ese año en el programa de trabajo de la iglesia.

   b) La cercanía de alguna celebración especial, mes de las misiones, mes del evangelismo, días especiales en educación cristiana, acción comunitaria. Etc.

3. La presentación puede ser:

   a) Simplemente verbal.

   b) Un informe por escrito.

   c) Por medio de afiches especiales.

   d) En casos especiales puede ser dramatizado.

4. Por lo general la presentación se hace en las reuniones regulares de la iglesia, pero también puede hacerse durante una cena o encuentro especial, inclusive durante un picnic o paseo. Lo importante es estar seguro que hará impacto en la congregación.

5. Si durante el año se ha establecido un énfasis especial, el ministerio que tenga a su cargo ese énfasis, deberá tener preferencia en la información.

6. Si por alguna circunstancia especial, algún ministerio no ha podido cumplir con las metas propuestas, es conveniente que también informe, dando cuenta de las razones que impidieron su realización. Todo lo que hagamos a favor de hacer conocer la marcha de los planes será positivo.

7. Sea práctico, conciso y breve. No abuse del tiempo. A veces algunos informes, aunque positivos fueron dados con tal pesadez y en tan largo tiempo que no lograron el éxito que podían haber tenido. Recordemos "lo bueno si es breve es doblemente bueno".

8. El apoyo del pastor a los informes es sumamente necesario y positivo.

9. Acostúmbrense a informar con claridad y brevedad. La congregación se lo agradecerá.

Epílogo

Hemos llegado al final del libro. Nuestro ruego es que su lectura le haya ayudado a aumentar sus conocimientos sobre administración de la obra del Señor. Si lo hemos logrado, habremos cumplido con el propósito que nos llevó a escribirlo.

Nuestro ruego al Dios de los cielos es que de una vez por todas, la inmensa cantidad de creyentes con dones, talentos, tiempo, conocimientos, capacidades y bienes, despierten a la realidad del llamado del Maestro y todos nos dispongamos

El está con los cielos cargados de bendiciones para derramarlas sobre su pueblo, pero para ello nosotros debemos reaccionar y despertar a la realidad del gran desafío. Es mucho lo que Dios nos demanda, pero la garantía de que Él está con nosotros, hace que nuestro trabajo se vea facilitado enormemente.

Debemos desechar el temor que a veces se apodera de nosotros al considerar la dimensión de la tarea, y el miedo que nos lleva a pensar que no somos capaces ni suficientes para realizarla. Dios no nos manda solos al frente, lo que Él está diciendo es, por favor ayúdenme en la tarea, no me dejen solo.

Los ejemplos bíblicos abundan para darnos ánimo y vencer los obstáculos que el enemigo quiere poner delante nuestro. ¡No estamos solos! ¡Nos acompaña el Rey de Reyes y Señor de Señores, el Todopoderoso Salvador! Lo reclama el testimonio de los que nos precedieron en el evangelio y claman por nuestra disposición a asumir responsabilidades aquellos que aún están sin Dios y que esperan que nosotros le alcancemos la Palabra de Vida.

Quiera Dios que logremos despertar al gigante dormido, y todos juntos alcancemos grandes triunfos para el evangelio, no para nuestra vanagloria, sino para ensalzar la Gloria de Aquel que nos rescató de las tinieblas y nos proyectó hacia su luz admirable. ¡A Dios sea la gloria!

Apéndice al Capítulo 4 – Lo que la iglesia espera del pastor

El pastor y su programa

Introducción

La congregación espera no solo un pastor ejemplar en su persona, un pastor fiel a Dios en su predicación, sino también un líder resoluto: hombre que inspire a la congregación a hacer el trabajo de Dios. La iglesia espera un plan comprensible, objetivos alcanzables, dirección definida, y liderazgo positivo. Sin ello, la iglesia quizás exista, pero no avanza (ver 1 Cor 14:40; Sal 8; recordar a Esdras y a Nehemías).

Pasos administrativos para preparar un plan de trabajo para una iglesia

1. Identifique el objetivo. ¿Qué es lo que desea poner como meta u objetivo para el año? Procure unanimidad entre las autoridades de la iglesia.

2. Trace los pasos necesarios para lograr ese objetivo. Haga una lista de las cosas necesarias.

3. Establezca las prioridades. ¿Qué viene primero? ¿Dónde empieza?

4. Determine los recursos necesarios. No solo en cuanto a dinero, también en personal.

5. Escriba la estrategia en palabras comprensibles. Se escribe para que toda la iglesia en conjunto con sus autoridades sepan claramente qué es lo que se hará.

Ideas sobre planificación diagramada

Los pastores deben tener conocimientos de administración. Cuando, al aplicar estas técnicas administrativas, se busca la inspiración del Espíritu Santo, muchas de las dificultades de manejo administrativo resultarán más fáciles de resolver al trazar gráficamente el rumbo de su iglesia.

El plan que aquí sugerimos es básicamente una técnica de planificación desarrollada por los ingenieros que crearon el programa para los cohetes Polaris.

| Condición actual de la iglesia | El plan para llevar la iglesia a... | ...alcanzar la meta propuesta |

Este método le ayudará a usted a trazar proyectos y a evaluar su progreso a medida que se lleva a cabo. Los ingenieros industriales utilizan recursos gráficos similares para tener idea del movimiento de la materia prima hacia el producto terminado. Este enfoque se puede fácilmente aplicar al trabajo de la iglesia. Lo que hacemos es establecer la meta y llenar todos los detalles del plan en la flecha.

Pueden prepararse gráficas en que se describan los métodos, los materiales, y demás recursos que han de emplearse. En el diagrama siguiente ilustramos completamente este sistema para planear una campaña evangelística en un medio urbano tal como Buenos Aires, Santiago, Tampico, o Asunción.

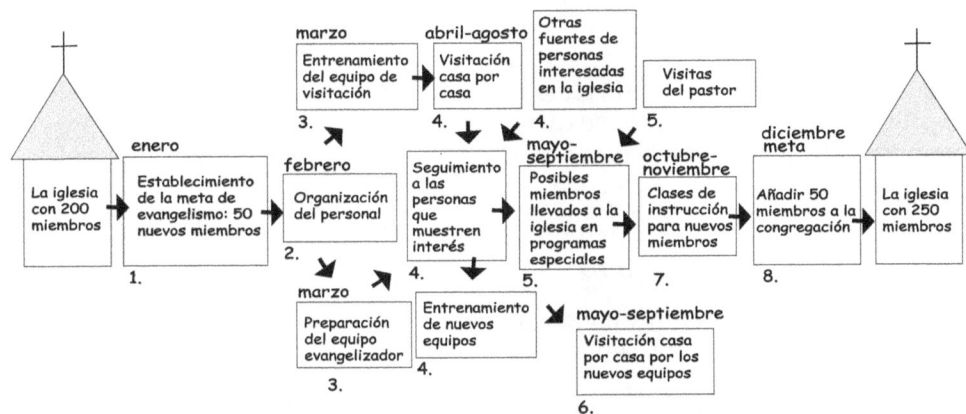

La meta señalada (caja #1) es la de organizar clases para miembros (caja #7), que llegarán a añadir 50 miembros a la congregación: el objetivo (caja #8). Para alcanzar ese objetivo se decidió el hacer visitas casa por casa. Los visitadores saldrían los domingos por la tarde o los jueves por la noche Este diagrama ilustra cómo los dos sistemas se integran y preparan. El diagrama se explica por sí mismo. Cualquiera puede en cualquier momento saber qué es lo que falta por hacer con solo ponerle fechas a cada parte. Los números debajo de cada caja indican la secuencia del objetivo señalado. Algunos pueden ser simultáneos (por ejemplo 3, 4, 5, o varios). El cuadro puede aumentarse con objetivos adicionales. Cada caja representa un paso de todo el proyecto. Las líneas indican la dirección en que se va de un paso a otro. El uso de un cuadro así constituye un medio de organizar sus actividades y relacionarlas entre sí en forma gráfica. Una vez hecho el plan, el cuadro viene a ser un medio de comunicación que se copia y se pasa a las personas involucradas en el proyecto. ¿Cómo se prepara este tipo de diagramas? He aquí un método:

Este método consiste en hacer una planificación en grupo. Reparta una tarjeta de índice (o una pequeña hoja de papel) a cada persona que ha invitado a formar parte del grupo planificador de la iglesia.

Como organizador, pida que cada persona anote una meta que quisiera ver realizada en la iglesia durante el año. Luego de terminar, pida que cada persona lea lo que escribió. Ahora, entre todos, decidan cuál meta quieren lograr (insistimos que se escoja solo una). Con esa meta puesta sobre la mesa, seguirán con el segundo paso.

Reparta otra tarjeta de índice. Ahora pida a cada participante que escriba un paso importante para lograr esa meta. Al terminar de escribir, pida que cada persona lea su tarjeta u hoja. Debe tener unos cuantos pasos. Decidan ahora entre todos cuál debe ser el orden de prioridad y fechas para llevar a cabo estos pasos. Aquí pueden colocar las tarjetas en forma parecida al proyecto de evangelización mostrado arriba: poniéndolas en orden sobre la mesa. Las tarjetas que contengan los pasos que se realicen simultáneamente, colóquense directamente una encima de la otra. Así van avanzando por fechas y orden hasta llegar a la meta propuesta.

Luego de hacer todo esto, alguien con el don de dibujo, preparará el plan en una hoja o cartulina, añadiendo las flechas que muestran la dirección en que se va de un paso a otro.

Así, con la participación de cada persona, se llega a un hermoso plan de trabajo para la gloria del Señor.

Este diagrama no es más que un ejemplo. El método puede usarse para organizar los pasos dirigidos al establecimiento de un departamento de educación para la iglesia, una campaña de mayordomía, la descripción de los deberes de un tesorero (que maneja distintos fondos), una campaña dirigida a llamar la atención de la comunidad, el edificio para una escuela cristiana, y también para la organización de los sermones. Para quien cultive este método de planificación, estos cuadros son una ayuda excelente. He aquí los pasos básicos a realizarse:

1. ¿Qué es lo que quiero lograr? ¿Cuál es mi meta?

2. Hacer una lista de cosas que tienen que suceder para lograr la meta.

3. Preparar una estrategia, es decir, colocar en orden de importancia o cronológico cada una de las cosas descritas en la lista (punto 2).

4. Preparar un plan: Añadiendo las fechas de inicio de cada paso, y quiénes trabajarán el plan. Hacer un gráfico del plan.

5. Recursos: considerar cada punto en el plan para saber cuánto costará. Habrá ocasiones en que tendrá que preparar un plan especial para recaudar los fondos antes de poder seguir.

6. Llevar a cabo el plan.

7. Analizar los resultados.

Lo menos que puede usted hacer es probar el método. Quedará más que complacido de las cosas que pueden hacerse «decentemente y con orden» para los negocios del Rey.

Ayudas para tomar pequeñas decisiones administrativas

1. Las «decisiones de rutina» para las cuales no hay más que una respuesta correcta. Esa respuesta es sabida y no hay necesidad de perder tiempo hablando sobre ella. Por ejemplo: ¿Debemos tener servicios el domingo entrante en la iglesia?

2. Las «decisiones de riesgo» para las cuales no hay respuesta correcta; solo toda una gama de soluciones óptimas cuya realización presenta dificultades críticas. Por ejemplo: ¿Debemos comprar un proyector de cine para nuestra iglesia?

En su función administrativa, el pastor debe estar dispuesto a afrontar el riesgo a la hora de tomar decisiones. La idea no es evitar el riesgo o disminuirlo, sino correr el riesgo correcto capaz de producir resultados para la gloria de Dios.

La capacidad de tomar decisiones lleva en sí la de resolver problemas. Se ha dicho que: «una decisión es solo un problema en espera de solución». Los problemas deben expresarse siempre en una sola cláusula concisa. Por ejemplo: ¿Debemos comprar un proyector de cine para nuestra iglesia? Haga una lista de análisis, usando la imaginación, para combinar, adoptar y evaluar su problema. Por ejemplo:

• ¿Cuánto me cuesta alquilar un proyector? (Nadie tiene uno que me alquile.) ¿Puedo conseguir uno prestado? (El que tiene el proyector vive en otra ciudad.)

- ¿Cuánto me cuesta comprar uno usado, nuevo?
- ¿Con qué frecuencia lo usaría si lo compro?
- ¿Dónde conseguiría las películas? ¿Cuánto me costarían?
- ¿Hay otra cosa en la iglesia que sería más práctica y útil?

Elabore un cuadro gráfico, coloque otras necesidades que tiene su iglesia. Haga una lista como la de arriba evaluando la necesidad de cada una.

Ahora podrá decidir con más inteligencia cuál artículo comprar. Si necesita varios de estos y no tiene fondos, escoja uno y haga de este un proyecto especial de un mes o más (puede darle uno a la sociedad de jóvenes, otro a la sociedad de damas, etc.)

Luego siga con los otros en orden de importancia, pero cuide de no recargar demasiado a los miembros de la congregación pidiéndoles sacrificios indebidos. Verá que con una metodología como esta poco a poco podrá conseguir todos los equipos esenciales para el programa de una iglesia.

He aquí otros cuadros gráficos que han probado ser de utilidad en los casos de toma decisiones:

1. Digamos que tiene $1.000,00 disponibles para la adquisición de equipos para la iglesia. ¿Qué equipos se deben adquirir? Haga una lista de las opciones posibles. Establezca una escala numérica, asignando a cada solución una puntuación o grado de importancia según su juicio. La solución que alcance el grado más alto en la escala es la que deberá ponerse en práctica. El cuadro debe aparecer más o menos así. (Ver cuadro 1.)

2. También se puede utilizar un cuadro con el fin de seleccionar personal para la iglesia. Supongamos que se tienen seis candidatos para enseñar una clase de escuela dominical. Solo necesita un maestro. ¿Sobre cuál ha de recaer la decisión? El método que a continuación se describe puede ser de efectiva ayuda en este caso. (Ver cuadro 2.)

3. Ahora tenemos el «árbol de decisión». Supongamos que se está considerando la adquisición de nuevos himnarios. El proceso del «árbol de decisión» puede expresarse gráficamente como sigue. (Ver cuadro 3.)

En cada decisión debe dejarse bien claro:

¿Quiénes han de llevar a cabo la solución? (Personas.)

¿Qué cosas habrán de usarse? (Materiales.)

¿Dónde se realizará el proyecto? (Lugar.)

¿Cuándo se va a realizar? (Fechas de inicio y término.)

¿Cómo va a realizarse? (Métodos.)

Cuadro #1

Necesidad proyectada	Frecuencia de uso	Costo	Eficacia	Apto para el programa de la iglesia	Urgencia	Ptos.
Proyector de cine	Una vez al mes	$1,000.00	Evangelismo y jóvenes	Sí	Puede esperar	2
Equipo de sonido	Cada vez que se usa la iglesia	$600.00	Neutralizar ruidos exteriores	Sí	Urge	10
Bancas nuevas	Cada vez que hay un servicio	$100.00 por banca	Sentar más cómodamente a la congregación	Sí	Puede esperar	7
Himnarios nuevos	Cada servicio	$2.00 c/u $300.00	Evitar hojas sueltas con himnos	Sí	Puede esperar	5
Piano/ órgano	Servicio y clases de piano	$1,500.00	Ayudar en el canto	Sí	Urge	9

Cuadro #2

Candidatos	Conocimiento bíblico	Aptitud para liderazgo	Cumplidor	Responsable	Puntual	Disciplinado	Vida ejemplar	Bien preparado	Tiene experiencia	Puntuación total
Domingo Ávila	3	9	10	8	4	5	9	10	5	63
Teresita Dominguez	5	2	7	7	9	9	10	5	2	56
Justo Rodríguez										
Timoteo Bermúdez										
Mirta Suárez										
Cancio González										

Cuadro #3   El arbol de las decisiones

Bibliografía

1. *Biblia al Día*. Editorial Vida.

2. Reina y Valera. *Biblia*: 1960.

3. Bremer Otto. *Perspectivas religiosas en la administración empresarial.*

4. Broda, A. y Pizzicatti A. *Mayordomía integral de la vida*. Casa Bautista de Publicaciones.

5. Broda, Aldo N. *El desafío de la mayordomía y las misiones*. Casa Bautista de Publicaciones.

6. Cook, Clyde. *Evangelical Missions Quarterly*, Oct./81.

7. Davis, Lee E. *In Charge, Managing Money for Christian Living*, Broadman Press.

8. Dayton, Howard. *Su dinero: ¿Frustración o libertad?* Editorial Unilit, 1994.

9. *Guía para la campaña de mayordomía total*. Casa Bautista de Publicaciones.

10. Haggai, John E. *Liderazgo que perdura en un mundo que cambia*. Casa Bautista de Publicaciones, 1986.

11. Hendricks, William L. *Resource Unlimited*. Stewardship Commission SBC.

12. Kirk de, Maxie. *¡Tome Cuenta!* Casa Bautista de Publicaciones.

13. Kopf, Gerardo. *La Administración en los Ministerios de Dios.*

14. *Mastering Church Management*, Multnomah Press.

15. Patterson, Frank W. *Manual de Finanzas para Iglesias*. Casa Bautista de Publicaciones.

16. *Programa de Mayordomía para la iglesia local*. Casa Bautista de Publicaciones.

17. Rush, Myron. *Administración, un enfoque bíblico*. Editorial Unilit, 1993.

18. Rush, Myron. *Cómo ser cristiano y hombres de negocios*. Mundo Hispano, 1988.

19. Sobrinho, Falco. *Teología de la mayordomía cristiana*. Casa Bautista de Publicaciones.

20. Tead, Orday. *The Art of Administration*. McGrawHill Book Company, Inc.

21. Turnbull, Rodolfo G. *Diccionario de Teología práctica: mayordomía*. T.E.L.L.

www.ingramcontent.com/pod-product-compliance
Lightning Source LLC
LaVergne TN
LVHW011335080426
835513LV00006B/360